비너스의 사라진 팔

THE MISSING ARMS OF VÉNUS DE MILO

: Reflections On The Science Of Attractiveness

THE MISSING ARMS OF VÉNUS DE MILO

비너스의 사라진 팔

아름다움과 이끌림,
사랑과 관계에 대하여

비렌 스와미 지음 ─ 유강은 옮김

이데아

|감|사|의|말|

이 책을 구상할 수 있었던 건 박사 논문 지도교수인 에이드리언 펀햄이 끊임없이 격려해 준 덕분이다. 그에게 도저히 갚을 수 없는 신세를 진 셈이다. 또한 도러시 에이넌과 마틴 토비에게 가르침과 지도를 받는 특권도 누렸다. 세 사람 모두 이 책의 지면에 등장하는 것은 전혀 놀랄 일이 아니다. 이 책에서 보고하는 내 연구의 대부분은 유니버시티칼리지런던[UCL] 심리학과에서 수행한 것이며, 심리학과가 있는 건물에 터를 잡고 있는 많은 이들에게 감사한다. 이 모든 일을 가능케 해주신 부모님 미라와 모한 스와미, 초고를 읽고 논평을 달아 준 에드 후드와 매기 그레이, 북길드 출판사의 모든 이들, 특히 담당 편집자 조애나 벤틀리와 맥스 크리스필드, 그리고 재닛 렌치, 세라 피셔, 캐롤 비스에게도 감사한다.

차 | 례

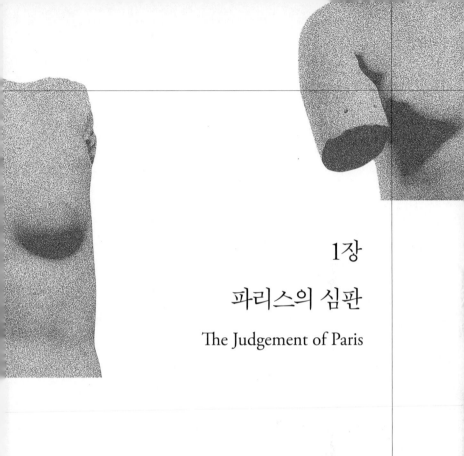

1장

파리스의 심판

The Judgement of Paris

"아름다운 나를 얻고 왕권과 아시아 땅은 내버려 두라.
나는 전쟁의 일 따윈 모르니. 아프로디테가 방패와 무슨 상관이 있는가?
아름다움으로 여자가 훨씬 뛰어나다.
남자의 용맹 대신 나는 그대에게 사랑스러운 신부를 주리니."

아프가니스탄에 처음 폭탄과 총탄이 빗발치기 얼마 전인 2001년 말 무렵, 유럽을 가로지르는 여행을 시작했다. 특정한 도시에 하루나 이틀, 때로는 몇 주 동안 머무르는 여정이었다. 여정 내내 원래 찾던 것에 가까이 다가가지 못하는 듯했지만, 어느 따뜻한 가을날 파리에 가게 되었다. 도시에 도착하기 전부터 기차가 바다에서 벗어나 남쪽으로 달리는 가운데―프랑스 기차역들에서 뿜어져 나오는 밝은 빛이 마치 수많은 반딧불이 떼처럼 눈부시게 빛나다가 사라졌다. 텅 빈 플랫폼마다 빛의 행렬이 순식간에 지나갔다.―들뜬 기분과 정체를 알 수 없는 불안감을 느끼고 있던 터였다. 북역에서 나와 라파예트 거리와 오페라 대로, 생토노레 거리를 거쳐 여러 거리와 골목을 지나는 중에도 어디로 갈지 반신반의하다가 마침내 뮤즈(무사^{Musa})

들의 궁전인 루브르에서 안식을 찾았던 기억이 난다.

1190년, 존엄왕 필리프 오귀스트 Philippe Auguste는 근동의 십자
군 전쟁에 참여하기 위해 떠나면서 왕국과 수도를 무방비 상태
로 남겨 두었다. 그래서 "파리 시민들에게 자신이 더없이 사랑
하는 도시를 장벽으로 철통같이 둘러싸고 튼튼한 탑과 출입구
를 만들라"라고 명령했다고 연대기 작가 리고르는 말한다. 이
렇게 장벽을 세우면서 처음으로 좌안의 라탱 지구부터 우안의
레알 지구까지 센강 양안이 하나로 합쳐졌다. 서쪽의 모래땅에
는 강 상류에서 올지도 모르는 적으로부터 도시를 지키기 위
해 측면에 요새가 세워졌다. 탑 10개로 방비하고 해자로 둘러
싼 이 거대한 요새의 중심부에는 30미터가 넘는 높이의 원통
형 본성이 세워졌다. 루브르의 탄생이었다. 하지만 루브르가 모
든 시민을 위한 박물관이 되려면 아직 600년의 세월과 혁명의
폭풍이 필요했다. 1793년 8월, 박물관이 정사각형의 살롱과 루
브르와 옛 튀일리궁을 연결하는 기다란 갤러리에서 문을 열었
을 때, 왕들의 루브르는 모든 이를 위한 박물관에 자리를 내주
었다.

이제 그림자가 어룽거리는 박물관의 조명 속에서 나는 수메
르의 메소포타미아를 여행했다. 권력에 봉사하기 위해 글자와
조각이 등장한 두 강 유역의 땅이었다. 다음으로 장 오노레 프

라고나르Jean Honoré Fragonard가 기교를 한껏 부려 유혹과 사랑을 그린 〈탈주The Bolt〉를 서둘러 지나쳤다. 그리고 외젠 들라크루아Eugène Delacroix를 이끄는 자유의 여신으로 갔다. 알렉상드르 뒤마Alexandre Dumas는 그에 관해 이렇게 말했다.

7월 27일(프랑스 7월혁명이 일어난 1830년 7월 27~29일을 '영광의 3일'이라고 부른다.—옮긴이) 아르콜 다리 옆에서 들라크루아를 만났을 때 그는 혁명의 시기에나 볼 법한 인물들 몇을 가리켰는데, 한 사람은 군도를, 다른 한 사람은 펜싱용 검을 포장석에 갈고 있었다. 들라크루아는 더없이 확실하게 자신의 공포를 내게 드러냈다. 하지만 노트르담성당 위로 삼색기가 나부끼는 것을 보자 (…) 아! 세상에 그의 태도가 바뀌어 공포 대신 열정이 샘솟았고, 그전까지 두려워하던 그 사람들을 미화했다.

몇 달 뒤 화가는 파리 시민들이 샤를 10세를 끌어내린 1830년 '영광의 3일'을 커다란 캔버스에 담았다(177쪽 [그림 1], 〈민중을 이끄는 자유의 여신〉). 오후가 막바지로 치달을 때쯤, 〈사비니 여인들Sabine Women〉의 치명적인 색채를 지나쳤고, 마침내 머리 없는 니케 조각상을 마주쳤다. 전투의 승리를 찬미하기 위해 날개를 펼친 모습이었다. 그러고 얼마 뒤 기다란 복도 끝에 어렴풋이 보이는 〈밀로의 비너스Vénus de Milo(멜로스섬의 베누스)〉에 눈길이 닿았다. 입을 다문 채 미동도 없이 감탄하며 바라보는 관람객들의 흥미로운 당혹감 때문에 반쯤 모호한 광경이었다. 프라 안젤리코Fra Angelico의 〈성모 대관Coronation of the Virgin〉에 등장하는 많은 인물처럼, 루브르의 광활한 공간 때문인지 아니면 짙게 내려앉은 땅거미 때문인지 비너스를 둘러싼 사람들은 의기소침해 보였다. 이 때문에 우리 또는 우리 각자가 〈밀로의 비너스〉와 똑같은 표정 없는 시선을 던지고 있다는 생각이 뇌리를 스쳤다. 또한 그 순간 복도의 대리석을 배경으로 발광하는 비너스의 순백색에 혀를 내두를 수밖에 없었다. 수십 년 동안 비너스는 찬미자들 위에 붕 뜬 채 홀로 서 있다. 뚜렷하고 단순한 곡선으로 조각된 윤곽에 얼굴 표정은 수동적이고, 몸에는 근육이 전혀 없다(178쪽 [그림 2], 〈밀로의 비너스〉).

높다랗게 아치를 그리는 돔 아래로 루브르의 긴 복도를 따라 걸어가는데, 아마 소리와 빛의 불협화음 때문인지 문득 이런 생각이 들었다. 멀찍이서 비너스를 보는 경험의 예상치 못한 힘이 갑자기 줄어들었다는 것이었다. 이 작품은 커다란 대리석 두 덩어리로 조각한 것인데, 겉옷의 주름으로 감춰져 있는데도 두 덩어리가 합쳐지는 부분의 선이 눈에 들어온다. 엉덩이 부분에는 네 곳이 크게 떨어져 나갔고, 머리 뒤쪽으로 묶은 머리카락은 다시 붙인 것이며, 물론 두 팔은 사라지고 없고, 왼쪽 발과 양쪽 귓불도 떨어지고 없다. 어쩌면 〈밀로의 비너스〉 아래에 섰을 때 거의 저절로 이런 생각이 떠오른 탓일 텐데, 비너스가 약한 존재라는 걸 더욱 분명히 알아챘다. 물론 나 자신이 좀처럼 안정을 찾지 못했기 때문일 테지만, 기묘한 생각이었다.

이제 그날 루브르를 찾았을 때 본 수많은 그림과 조각이 떠오르지 않지만, 〈밀로의 비너스〉는 또렷하게 기억이 난다. 선과 또렷한 윤곽에 대한 몰두, 곱슬곱슬한 머리카락, 골반을 감싼 천의 두드러진 주름, 비너스가 딛고 서 있는 깔끔한 받침대까지. 마치 비너스의 존재가 오직 나만을 위해 만들어진 것인 양 우수에 젖은 표정으로 오랫동안 비너스를 보며 서 있었다. 나중에도 비너스의 눈동자에 담긴 의문의 여지 없는 모습이 기억났다. 제아무리 기나긴 밤도 침투할 수 있을 것만 같은 모습이었다. 그리고 빈프리트 게오르크 제발트Winfried Georg Sebald가 오래전에 안트베르펜 동물원의 야행성 동물관에서 궁금해했던 것처럼, 밤이 되면 루브르에 사는 이들도 마침내 잠이 들 수 있도록 박물관의 조명이 꺼지는지 의문이 들었다.

헤시오도스Hesiodos의 그리스 신화 우주론에서 가이아(어머니

대지)가 짝을 맺는 우라노스는 하늘을 뜻하는 이름이지만 본
성은 짐승이다. 가이아는 우라노스와의 사이에서 다루기 힘든
아들을 여럿 낳지만, 결국 계속 찾아오는 우라노스가 자식들
을 빛에 내놓기를 거부하는 데 질린다. 가이아는 부싯돌 낫을
만들고는 막내아들 크로노스에게 도움을 청한다. 크로노스는
지나칠 정도로 과격한 조치로 아버지의 남근을 잘라 버린다.
헤시오도스는 《신들의 계보Theogony》에서 우리에게 기쁨을 건
넨다.

그리고 낫으로 남근을 잘라 육지에서 파도치는 바닷속
으로 던지자 오랫동안 그렇게 파도 위를 떠다녔다. 그러다
가 그 주위로 불사不死의 살점에서 흰 거품이 일더니 (…) 존
경스럽고 아리따운 한 여신이 밖으로 걸어 나오니, 그녀의
날씬한 발 밑에서 사방으로 풀이 자라기 시작했다. 그녀를
신들과 인간들이 아프로디테라고 부르는 것은 (…) 거품에
서 자랐기 때문이다(아프로디테Aphrodite는 호메로스에서는 제우
스와 디오네의 딸이지만, 헤시오도스에서는 통속어원에 따라 거품
aphros에서 태어났다고 본다.―옮긴이).

동풍의 신이 부드러운 바람으로 밀어 준 덕에 가리비 껍데

기에 올라 바다에서 벌거벗은 채 솟아난 아프로디테(로마 신화의 비너스)는 키테라섬에 올랐다. 다른 이들(로버트 그레이브스Robert Graves의 이야기를 염두에 둔 것이다)은 아프로디테가 키프로스에서 태어났다고 말한다. 키프로스의 서부 해안에는 물거품이 이는 해변이 많이 있어서 이런 원인론을 뒷받침하며, 키프로스의 파포스에서는 우라노스의 성기 조각 중 하나로 여겨지는 커다란 운석을 숭배했다. 그레이브스의 번역에서는 테미스의 딸인 호라이(계절의 여신)들이 파포스에서 아프로디테에게 옷을 입히고 시중을 드는데, 그는 헤시오도스의 이야기에서 새로 태어난 아프로디테를 둘러싸고 무성한 긴 머리로 장식해 주는 카리테스(아름다움을 상징하는 세 여신)를 언급하지 않는다. 하지만 그레이브스와 헤시오도스 모두에게 이 창조 이야기는 '하늘의 아프로디테(아프로디테 우라니아Aphrodite Urania)'의 이야기로 유명하다. 아프로디테는 하늘과 땅을 갈라놓으면서 그 사이에 세상을 창조한 행위에서 태어난 순수하고 정신적인 사랑의 여신이다. 이 구별이 중요하다. 호메로스Homeros의 《일리아스Ilias》에서 "모든 사람을 위한 아프로디테Aphrodite Pandemos"는 제우스와 신탁의 여신 디오네의 결합으로 태어났다. 하지만 아프로디테가 바다에서 솟아났다는 해석이 더 널리 받아들여진다. 적어도 신화에서조차 소박한 이들보다 방탕한 이들을 선호한다는 것을 입증하는 듯하다.

아프로디테는 때로 호전적인 아테나 같은 신들 앞에서 대단하지 않고 심지어 시시해 보일지 모르지만, 자세히 살펴보면 사랑과 미―마음의 가장 내밀한 감정과 인간 정념의 원천을 아우르는 영역이다―를 관장하는 이 여신이 한층 많은 영향을 미친다는 점이 드러난다. 아마 가장 오래가는 사례, 확실히 역사와 신화의 기록자들이 가장 선호한 사례는 파리스의 심판일 것이다. 트로야 전쟁의 전설적인 근원을 여기서 찾을 수 있다. 모든 이야기가 그렇듯, 이 이야기는 영웅 펠레우스와 바다의 여신 테티스의 결혼식에서 시작된다. 한 명을 빼고 모든 신과 여신이 초대를 받았다. 이 신들의 하객 명단에서 빠진 에리스는 다툼 또는 불화의 여신으로, 아폴로도로스Apollodoros가 말하는 것처럼 "고약하고 무례"했다. 분노에 사로잡힌 에리스는 혼인 잔치에 거침없이 들어와서 그 자리에 모인 신들에게 황금사과를 던진다. 사과에는 간단한 한마디가 새겨져 있다. "가장 아름다운 이에게Kallisti."

세 여신이 황금사과의 주인을 자처한다. 몇몇 설명에서는 사과가 아테나와 헤라, 아프로디테 사이에 떨어졌다고 되어 있으니, 후대 기록자들이 윤색한 이야기일 수도 있다. 제우스, 위대한 제우스에게 신들이 세 여신 중 누가 가장 아름다운지 심판해 달라고 하지만 제우스는 답을 미적거린다. 그 대신 그는 헤르메스에게 세 여신을 트로야의 파리스 왕자에게 데려가서 답을 구하라고 명한다. 신이 아니라 프리기아 사람일 뿐인 파리스는 이다산의 둥근 돌 위에 앉아 세 여신이 오기를 기다린다. 콜루투스Colluthus의 《헬레네의 겁탈Rape of Helen》에 따르면, 헤르메스가 세 여신과 함께 도착해서 파리스에게 큰 소리로 말한다. "그 젖 짜는 양동이는 던져 버리고 많은 양 떼도 내버려 두고, 이리 와서 누가 더 뛰어난 미인인지 판결하라. (…) 그리고 가장 아름다운 여신에게 이 사과의 사랑의 결실을 주어라." 그리스 신화의 도덕에 따라 세 여신은 각자 파리스에게 뇌물 공세를 편다. 우선 회색 눈동자의 아테나는 자신에게 황금사과를 주기만 하면 파리스에게 모든 전투에서 승리와 지혜를 주겠다고 약속한다.

이리 오라, 프리아모스의 아들이여! 제우스의 배우자를 놔두고, 신부의 침실의 여왕 아프로디테에게 신경 쓰지 말고, 남자들의 용맹을 도와주는 아테나를 찬양하라! 저들은 그대가 왕이며 트로야시를 지킨다고 말한다. 이리 오라, 내가 그대를 짓밟히는 이들이 사는 도시의 구원자로 만들어 줄 테니. 지독한 분노에 불타는 에니오Enyo(흔히 전쟁의 신 아레스와 짝을 이루는 존재로 묘사되는 그리스의 다이몬)가 그대를 짓누르는 일이 없도록. 내 말에 귀를 기울이면 그대에게 전쟁과 용맹을 가르쳐 줄 테니.

다음으로 위대한 왕비 헤라가 나선다. 영광으로 빛나는 헤라는 파리스에게 지상에서 가장 거대한 왕국의 통치자가 되는 부와 권력을 주겠다고 한다.

그대가 나를 선택해서 가장 아름다운 미인의 과실을 준다면, 그대를 아시아 전체의 군주로 만들어 주리라. 전쟁하는 일은 퇴짜 놓기를. 왕이 전쟁으로 무엇을 하리오? 군주는 용맹한 이들과 호전성이 없는 이들 모두에게 명령을 내리나니. 아테나의 종자들이 언제나 맨 앞에 서는 것은 아니다. 에니오의 종자들에게 파멸과 죽음은 금세 오나니.

마지막으로 아프로디테가 나서는데, 다음은 후대의 연극용 각색이긴 하지만, 루치우스 아풀레이우스 Lucius Apuleius가 묘사하는 구절이다.

다음으로 아름다움에서 남을 능가하며 처녀일 때 비너

스 여신에게 암브로시아ambrosia(그리스 신화 속 신들의 음식. ─ 옮긴이)의 색채를 준 다른 이가 나선다. 끝까지 여신은 실오라기 하나 걸치지 않은 완벽한 아름다움을 보여주는데, 매끄럽고 고운 피부가 얇은 겉옷으로 덮여 있다. 바람에 이리저리 날리는 옷은 여신의 젊음과 꽃다운 나이를 증명한다. 여신의 색깔은 두 종류인데, 몸은 하늘에서 내려온 것처럼 순백이고, 겉옷은 바다에서 온 것처럼 파랗다.

"나를 받아들이고 전쟁 따윈 잊어라." 아프로디테가 파리스에게 말한다. "아름다운 나를 얻고 왕권과 아시아 땅은 내버려 두라. 나는 전쟁의 일 따윈 모르니. 아프로디테가 방패와 무슨 상관이 있는가? 아름다움으로 여자가 훨씬 뛰어나다. 남자의 용맹 대신 나는 그대에게 사랑스러운 신부를 주리니." 하지만 단순한 사랑의 선물이 아니다. 아프로디테는 가장 아름다운 여자, 자신과 맞먹는 완벽한 여자의 사랑을 주겠다고 약속한다. 파리스는 더없이 기쁜 사랑의 행위를 경험할 것이다. 그리스 왕 메넬라오스의 부인, 스파르타의 헬레네와 함께. "왕좌 대신 헬레네의 침대로 들어갈지어다." 아름다운 여신에게 홀린 듯 보이는 파리스는 불화의 사과를 아프로디테에게 준다. 이 행동으로 헬레네의 사랑을 얻지만, 헤라와 아테나를 철천지원수로 만든다. 그 후 그리스에서 헬레네를 납치하면서 트로야 전쟁이 촉발되고, 결국 트로야가 몰락했다고 말해진다. 콜루투스는 이렇게 말한다. "그리하여 (아프로디테는) 미의 상을 받지만 한 도시를 멸망시키고 헤라와 격분한 아테나를 쫓아 버렸다."

파리스의 심판이 벌거벗거나 옷을 입은 여신들의 아름다움이 아니라 재능의 질에 관한 것이라는 이야기도 있다. 호메로스의 《오디세이아Odysseia》가 그 근거로 거론된다. 헤라는 명예를 제시하고 아테나는 지혜를 주겠다고 약속했지만, 파리스는 사랑을 선택했다.(하지만 파리스가 이미 자신과 사랑에 빠진 여자 오이노네의 애정을 선택하지 않은 것은 유명하다. 파리스는 그 대신 가장 아름다운 인간의 금지된 사랑을 택했다.) 호메로스에게 파리스의 심판은 트로야 전쟁 시기 세 여신의 중요성을 반영한다. 심판을 기다리기보다는 선물을 가져온 여신들이다.(호메로스는 《오디세이아》에서 아르테미스를 다른 세 여신에 추가한다. 아르테미스가 여신으로 올라선 사정이 반영된 결과다.)

마치 회오리바람이 일어 판다레오스의 딸들이 순식간에
휩쓸린 때처럼—
오래전, 신들이 그 부모를 죽여
어린 여자애들만 집에 고아로 남겨졌어요.

하지만 고귀한 아프로디테가 아이들을 잘 보살피며

치즈와 달콤한 꿀과 감미로운 포도주를 먹였고,

헤라는 아이들에게 다른 여자들을 능가하는

미모와 슬기를 주었고— 순결한 아르테미스는 아이들의
키를 크게 하고

아테나는 매력적인 작품을 만드는 기술을 연마해 주었
지요.

우리가 삶의 방식을 선택하는 것에 대한 알레고리로서 이
주제는 근본적으로 대립되는 세 가지 선택지로서 제시된다. 하
지만 파리스의 심판에서 아름다움과 관음증이 지배한다는 것
은 부정할 수 없다. 시돈의 안티파테르Antipater of Sidon가 남긴 경
구는 바다에서 솟아나는 아프로디테를 그린 아펠레스Apelles의
작품을 묘사하면서 아테나와 헤라의 언급을 들려준다. "우리
는 이제 다시는 너와 아름다움의 싸움을 벌이지 않으리라." 이
런 판본의 신화는 미인 대회의 원형적 사례로 기능하면서 아
프로디테의 인위적인 아름다움을 강조했다. '남성의 시선'이라
고 특징지어진 예술의 전사前史다. 미술사가이자 이따금 소설가
였던 존 버거John Berger가 지적한 것처럼, 바로 이것이 본질적으
로 유럽의 예술 전통이다. 파리스의 심판에서 신화화된 이 전

통에서 여성은 언제나 욕정에 가득 찬 남성 관찰자의 꼼꼼한 눈길을 받도록 정해져 있다. 이 점을 고려할 때, 에리스가 시작한 경쟁은 세 여신을 서로 대결하게 만든다. 온갖 형태의 육체적 미와 성애의 여신인 아프로디테가 우위를 점하는 경쟁이다. 파리스의 심판의 또 다른 판본에서 아프로디테는 파리스 앞에 벌거벗은 몸을 드러내는데, 여기서도 경쟁은 불공평해 보인다. 파리스는 아프로디테의 육체미에 압도되며, 이야기의 통상적인 제목과 정반대로 심판을 내릴 수 없다.

이 모든 이야기가 핵심에서 벗어난 것은 아니다. 나는 아프로디테의 아름다움에 매혹된 첫 번째 사람이 아니다. 다만 정확히 언제부터 아프로디테 숭배의 이런 측면이 실천되기 시작했는지는 분명하지 않다. 기원전 4세기의 어느 시점에 소아시아의 오랜 그리스 식민지인 크니도스 사람들은 새로운 도시를 건설하기로 결정했다. 고전 조각에서 기념비적인 여성 누드가 될 작품으로 가득한 도시였다. 대大플리니우스Gaius Plinius Secundus는《박물지Naturalis historiæ》에서 프락시텔레스Praxiteles의 예술에 관해 다음과 같이 이야기한다.

하지만 프락시텔레스 자신만이 아니라 이제껏 존재한 모든 예술가의 조각을 능가하는 것은 그가 만든 〈크니도스

의 비너스)다. 그 조각상을 보기 위해 지금까지 많은 이들
이 일부러 크니도스까지 배를 타고 갔다. 이 예술가는 여신
의 조각을 두 개 만들었는데, 둘 다 팔려고 내놓았다. 하나
는 우아한 주름으로 대표되는데, 이 때문에 선택권이 있는
코스섬의 사람들이 좋아했다. 두 번째 조각은 같은 가격으
로 나왔지만, 예의와 정숙함을 중시한 탓에 사람들은 앞의
것을 선택하는 게 맞는다고 보았다. 그러자 크니도스인들은
퇴짜 맞은 조각을 구입했는데, 전반적인 평가에서 언제나
대단히 뛰어나다고 여겨졌다. 후대에 니코메데스 왕은 크니
도스인들의 이 조각을 원해서 그들의 막대한 공공 부채를
전부 탕감해 주겠다고 제안했다. 하지만 그들은 상황을 조
금 완화하느니 차라리 극한까지 견뎌 보겠다고 판단했다.
타당한 선택인 것이, 프락시텔레스는 이 조각상으로 크니도
스의 영광을 불멸로 만들었기 때문이다. 조각상이 모셔진
작은 사원은 사방이 뚫려 있어서 어디서나 조각의 아름다
움을 볼 수 있다. 사람들이 생각하기에, 여신 스스로가 이런
배치를 좋아했다. 실제로 어느 지점에서 보든 간에 그 솜씨
가 경탄할 만하다.

크니도스의 아프로디테는 지금까지 발견된 적이 없는데, 그

대신 우리는 《사랑의 신들Erotes》의 묘사를 통해 크니도스의 아프로디테를 감상할 수밖에 없다. 이 작품은 그리스의 풍자작가이자 저술가인 루키아노스Lucianos가 쓴 것으로 여겨지지만 서기 2세기에 만들어진 위작일 가능성이 짙다. 루키아노스는 두 친구(이성애자 차리클레스와 동성애 성향이 있는 칼리크라티다스)와 함께 아프로디테의 도시polis Aphrodites라고 부르는 곳으로 항해하던 중 아프로디테 사원에 마음이 끌린다. "사람들이 아름답다고 극찬하는" 프락시텔레스가 만든 조각상을 둘러싼 사원이다.

여신은 (사원의) 한가운데에 서 있다. 파로스섬에서 나는 대리석으로 만든 조각이다. 여신의 입술은 고결한 미소로 약간 벌려져 있다. 한 손으로 살그머니 정숙함을 가리고 있지만, 그 어떤 것도 완전히 드러난 여신의 아름다움을 감추지 못한다. 조각가의 기술이 탁월하게 성공한 까닭에 대리석이 여신의 우아한 사지를 만들기 위해 단단함을 포기한 듯 보일 지경이다. 이 광경에 넋을 잃은 차리클레스가 충동적으로 소리를 내뱉는다. "이런 여신의 사슬에 묶이다니 운도 좋아라, 마르스여."

세 사람은 곧이어 "뒤쪽에서 여신을 관조하기 위해" 사원 뒤로 돌아가는데, 이번에는 칼리크라티다스가 크니도스의 아프로디테의 아름다움에 압도당할 차례다.

이제까지 무관심했던 아테네인이 소년을 떠올리게 하는 여신의 옆모습을 힐끗 보자마자 차리클레스를 무색하게 할 만큼 열정에 취해 소리쳤다. "참으로, 이 얼마나 조화로운 뒤태인지. 저 통통한 허벅지는 두 손으로 애무해 달라고 애원하는구나!"

아프로디테의 '둔부 보조개'를 보고 흠뻑 빠진 칼리크라티다스의 찬미는 여기서 끝나지 않지만, 그는 내버려 두자. 아직 루키아노스의 이야기가 끝나지 않았으니.

감탄하며 바라보던 중에 한쪽 허벅지에서 겉옷에 뭐가 묻은 것 같은 자국이 눈에 띄었다. 그 자국 때문에 대리석의 흰색이 눈에 도드라졌을 뿐이다. 돌에 흠이 있는 것 같았다. (…) 우리 곁을 지키던 여자 관리인이 이 문제에 관해 믿기 어려운 기이한 이야기를 들려주었다. "유서 깊은 집안 출신이지만 잘못된 행동 때문에 이름을 밝히기 어려운 어느 젊은이가 사원에 자주 왔습니다. 어느 악령이 그가 여신과 사랑에 빠지게 만들었습니다. (…) 어느 날 저녁 해질 무렵 젊은이가 사원 문 뒤로 몰래 들어가서 캄캄한 구석에 몸을 숨기고는 숨소리도 내지 않았습니다. 관리인들이 평상시처럼 문을 닫자 이 제2의 안키세스(제우스의 계략으로 비너스가 사랑에 빠지는 트로야의 왕자.—옮긴이)는 안에 홀로 남게 됐지요. 누가 감히 그 사악한 밤에 젊은이가 한 일을 이야기할 수 있겠습니까? 간단히 말하자면, 날이 밝자 그가 색정을 나눈 표시가 발견됐습니다. 그 후 이 표시는 여신이 당한 고통을 상기시키는 자국으로 남게 됐지요. 젊은이로 말할 것 같으면, 스스로 바위 위로인지 바닷속으로인지 몸을 던졌습니다. 어쨌든 영원히 사라졌지요."

미셸 푸코Michel Foucault는 《성의 역사》에서 크니도스에서 루키아노스가 나눈 대화를 여성적 미에 경의를 표하는 것으로 오독하지 말라고 경고한다. 아프로디테에게 자국을 남긴 젊은이의 이야기는 의도적으로 모호해서 이 일화 속 아프로디테는 거의 남녀 한 몸으로 묘사되기 때문에 이성애자와 동성애자 모두를 매혹한다. 하지만 물론 남성적 시선의 문제는 여전하다. 그리고 산더미처럼 쌓인 고대 문헌(이 가운데 《그리스 신화》에 나오는 이야기는 그냥 지나쳐서는 안 된다. 아프로디테 자신이 조각을 보자마자 이렇게 말한다. "프락시텔레스는 도대체 어디서 내 벌거벗은 몸을 본 거지?")을 접하면서 우리는 크니도스의 조각상을 보러 간 사람들이 "눈앞에 펼쳐진 아름다운 모습에 곧바로 감탄을 내뱉었다"는 것을 조금도 의심하지 않는다. 제임스 조이스James Joyce의 《젊은 예술가의 초상A Portrait of the Artist as a Young Man》에서 스티븐 디덜러스는 바로 이 조각상을 언급하면서 이렇게 말한다. "당신은 예술은 욕망을 자극해서는 안 된다고 말하죠. 언젠가 박물관에 있는 프락시텔레스의 비너스 뒷면에 연필로 내 이름을 썼다고 말했지요? 그건 욕망이 아닐까요?"

프락시텔레스가 여신 아프로디테에게 조각으로 경의를 표한 예술은 그 후 오랫동안 이어지는 많은 예술의 하나일 뿐이다. 흔히 예술사의 아버지로 신화화되는 요한 요아힘 빙켈만Johann Joachim Winckelmann이 《고대 예술사Geschichte der Kunst des Altertums》(1764)를 썼을 때, 당시 피렌체의 우피치 미술관에 전시되어 있던 〈메디치〉의 비너스가 가장 눈길을 끄는 자리를 차지했다(179쪽 [그림 3], 〈메디치의 비너스〉).

피렌체에 있는 〈메디치의 비너스〉는 아름다운 여명에 모습을 드러내 해가 뜰 때 봉오리를 벌리는 장미 같다. 비너스는 팔다리가 모양을 갖추기 시작하고 젖가슴이 부푸는 나이에 접어드는 중이다. 비너스의 포즈를 곰곰이 살펴보다 보면, 태어나서 처음으로 옷을 벗으라는 청을 받고 황홀경에 빠진 화가의 눈앞에 나신을 드러냈을 때의 모습이 보이는 듯하다.

다른 이름으로 '그리스의 비너스'라고 불리는 이 조각상에 감탄한 것은 빙켈만만이 아니었다. 조지 고든 바이런George Gordon Byron의 《차일드 해럴드의 순례Childe Harold's Pilgrimage》는 "더없이 사랑스러운 꿈을 고스란히 거울에 비춘" 이 작품에 다섯 스탠자(이탈리아어에서 유래한 것으로, 일정한 운율적 구성을 갖는 시의 기초 단위를 말한다. ─옮긴이) 전체를 할애한다. 하지만 가련한 비너스는 명성을 잃고 있다. 고국 피렌체를 등졌다가 다시 돌아오는 과정을 겪으면서, 이미 작품의 출중함을 두고 수군거리던 사람들의 의혹이 한층 시끄러워졌다(빙켈만조차 배꼽이 너무 움푹 패어 있다고 생각했다). 하지만 어쨌든 파리 루브르에서 〈메디치의 비너스〉가 비운 자리를 채울 새로운 여신이 예견되고 있었다.

〈메디치의 비너스〉가 파리에서 돌아오고 불과 5년 뒤인 1820년, 에게해의 작은 섬 멜로스(밀로)에서 놀라운 발견이 이루어졌다. 당시 멜로스는 공식적으로는 오스만제국의 일부였지만, 내부 정치(그리고 여기저기 흩어져 있는 골동품의 소유권)는 또한 프랑스의 영향력에 종속되었다. 〈밀로의 비너스〉의 역사를 흥미진진하게 담은 그레고리 커티스Gregory Curtis의 《무장해제 Disarmed》에서 우리는 프랑스 전함 에스타페트호에 배속된 해군 소위 올리비에 부티에Olivier Voutier가 멜로스항에 정박해서 지루하게 생활하는 모습을 발견한다. 대의명분을 찾던 부티에는 어느 농부가 오래된 벽에 있는 벽감(벽을 파내어 움푹하게 만든 공간)에서 돌을 빼내는 현장을 마주쳤다. 예전에 체육관 담장으로 쓰이던 벽이었다. 농부가 뭔가를 다시 묻는 모습을 보자 소위는 흥미를 느꼈다. 나중에 조사해 보니 훌륭한 조각상의 팔 없는 토르소 윗부분임이 밝혀진다. 땅을 더 파보자 받침대 하나와 별개의 흉상 두 개, 비슷한 크기와 질감의 대리석 조각 여러 개가 나왔다.

미인이 엮여 있을 때 정치적 음모가 뒤처지는 일은 없는 법. 우유부단한 시간이 지나고 분명 섬의 항구에 정박한 프랑스 전함의 지원을 받아 프랑스인들은 고작 834피아스트르를 주고 조각상을 사들였다. 당시 시세로 염소 몇 십 마리 가격이었다. 빠른 속도로 전시품이 줄어드는 루브르를 채울 골동품을 찾느라 혈안이 된 데다가 문화재 약탈 경쟁—영국박물관은 얼마 전에 엘긴 경에게서 파르테논 신전의 대리석을 확보했다—에서 뒤처지지 않으려는 시도 속에 조각상 조각들을 포장해서 루브르로 보냈다. 당시 군림하던 루이 18세에게 바치는 존경의 표시였다. 박물관 관리인들이 포장을 펼치자 반쪽짜리 두 덩어리가 거의 수평선을 그리며 합쳐지는 것 같았다. 비너스의 엉덩이 주변에 드리운 천으로 일부러 결합 부분을 감춘 것이었다. 지식인들의 소동이 이어졌다. 프랑스인들은 이 작품이 일찍이 대플리니우스가 질이 떨어진다고 여긴 헬레니즘 시대의 것이 아니라 고대 그리스 시대의 조각상이기를 바랐기 때문이다. 하지만 당시 루브르 관리인의 아들 오귀스트 드베^{Auguste Debay}가 처음 그린 조각상 데생에는 작품의 대좌 위에 작가의 이름이 담긴 명문銘文 조각이 있었다. "미안데르강 안티오케이아 출신 메니데스의 아들 (?)안드로스." 지금의 시리아에 있는 그리스 도시 안티오케이아는 후기 헬레니즘 시대까지 존재하지 않았기 때문에 사람들이 열망하는 추정이 옳을 수 없었고, 조각상은 훨씬 근래의 것임이 분명했다.

그 후 숨길 수 없는 받침대는 사라진 듯하다. 그리하여 〈밀로의 비너스〉의 연대 결정을 둘러싸고 한 세기 가까이 극심한 논란이 벌어졌다. 1951년, 당시 루브르의 그리스·로마 골동품 관리인 장 샤르보노^{Jean Charbonneaux}는 이렇게 썼다. "1893년을 시작으로, 전반적인 견해와 정반대로, [독일 학자] 푸르트뱅글러는 기원전 150~기원전 50년을 [조각상이] 속하는 시기의 한계로 설정했다.""전반적인 견해와 정반대로"라는 구절을 통해 샤르보노는 한 세기에 걸친 논쟁을 무심코 종결시켰다. 헬레니즘 미술에 대한 부당한 편견이 해소되지 않았다는 사실이 이 결정에 기여했음은 분명하다. 하지만 오늘날 루브르를 찾는 많은 관람객은—나와 똑같이—조각가(커티스가 안티오케이아의 알렉산드로스Alexandros of Antiochia라고 여기는 조각가)에 관한 언급이 없는 명판만을 볼 뿐이다.

> 아프로디테, 일명 '밀로의 비너스', 기원전 100년경. 멜로
> 스섬. 레비에르 후작이 국왕 루이 18세에게 선물.

19세기 내내, 그리고 이후까지 〈밀로의 비너스〉는 한 세기 전 메디치의 조각상이 누린 것과 같은 찬사를 불러일으켰다. 프랑스 시인 르콩트 드 릴Leconte de Lisle은 특히 황홀해하며 비너스의 아름다움을 찬미했다. "당신이 자랑스럽게 벌거벗고, 앞으로 나서면, 온 세상이 전율하니." 오귀스트 로댕Auguste Rodin이 내뱉은 감탄사만이 드 릴을 능가한다. "보라, 온갖 경이로움 중의 경이를 (…) 이 작품은 고대의 가장 위대한 영감의 표현이며, 절제된 관능, 이성으로 율동을 얻고 누그러진 생의 기쁨이다."
하지만 모든 이가 여기에 동의한 것은 아니다. 19세기 말 무

렵, 독일의 해부학자 빌헬름 헹케Wilhelm Henke가 〈밀로의 비너스〉를 꼼꼼하게 연구하기 시작했는데, 금세 두 다리의 길이가 다르고 골반이 수평이 맞지 않는다는 것을 발견했다. 더 자세히 살펴본 헹케는 여신의 얼굴에서도 당혹스러운 비대칭을 발견했다. 두 눈동자를 연결하는 선과 입술 양쪽 끝을 연결하는 선이 평행을 이루지 않았고, 두 선 모두 코와 수직을 이루지 않았다. 헹케가 이런 비대칭이 자연 생물에서는 나타나지 않으며 언제나 비정상(기형)이라고 결론을 내리자 〔폴란드〕 브레슬라우의 동료 해부학자인 크리스토프 하세Christoph Hasse는 이에 격분해서 1882년에 〈밀로의 비너스〉의 자연주의를 찬미하는 논문을 발표했다. 비대칭적 얼굴이 전혀 비정상이 아니라고 믿은 하세는 정사각형의 격자를 만든 다음 조각상의 얼굴과 그 뒤에 선 많은 동료들의 얼굴을 사진으로 찍었다. 격자를 측정한 그는 모든 얼굴에서 왼쪽 눈이 오른쪽 눈보다 얼굴의 중심에 더 가깝고, 두 눈동자를 연결하는 선이 절대 수평을 이루지 않는다는 것을 알아냈다.

하세는 조각상과 사람들에서 나타나는 눈동자 선의 비대칭이 머리를 한쪽으로 움직이는 골반의 미세한 기울기를 보정하는 것이 아닐까 생각했다. 1888년 하세와 그의 동료는 당대 여성들의 골반을 조사한 논문을 발표했다. 현대 여성들도 〈밀로의 비너스〉의 둔부와 똑같이 비대칭적으로 기울었음을 보여주는 논문이었다. 그로부터 5년 뒤, 하세는 5000명이 넘는 남성의 척추에 관한 연구를 발표했다. 척추의 3분의 1만이 완벽하게 직선임을 보여주는 논문이었다. 이 모든 비대칭이 서로 상쇄하는 효과를 발휘해서 결국 두 눈동자를 잇는 선이 수평을 이루었다. 비대칭이 정상이고 대칭이 비정상이었다. 하세의 연구는 오늘날 심리학의 풍요로운 연구 분야로 발돋움한 탐구의 시작이었다. 사람들이 감정을 어떻게 드러내는지에 특히 초점을 맞추는 분야다. 물론 연구 방법론은 〈밀로의 비너스〉 얼굴에 격자를 대고 사진을 찍는 것을 훌쩍 뛰어넘어 발전하고 있지만, 바로 그곳이 연구의 시작점이다.

다소 복잡하기는 해도 이 연구는 우리를 이 짧은 책의 전제로 안내한다. 최근 수십 년간 과학자들은 인간의 신체적 매력 연구에 몰두하고 있다. 한 사람이 다른 사람에게 신체적으로 아름답다고 여겨지는 지각을 연구하는 것이다. 우리의 본성이 존재한다고 말할 수 있다면, 어떤 본성이 우리를 아름다움에 민감하게 만들며, 개인의 어떤 특질이 우리 안에서 이런 반응을 불러일으키는 것일까? 더 정확히 말하자면, 이 책은 인간의 몸을 신체적으로 매력적이라고 정의해 주는 특성들에 관한 탐구다. 우리의 탐구 범위를 이렇게 제한하는 것은 직관에 거스르는 것처럼 보이겠지만, 필요한 일이다. 이제까지 무수한 글이 매력적인 얼굴 연구에 할애되었고, 나는 반복의 유혹에 굴복하고 싶은 마음이 없다(하지만 지나가는 말로 불가피하게 얼굴에 관해 몇 마디 할 것이다). 신체적 매력에 관한 여러 견해를 검토하는 과정에서 어떤 문화나 역사적 시대가 보기 좋은 것들이 있다고 인정하는 특질들을 확인하고자 한다. 물론 아름다움에 관한 어떤 선입견도 없이 이런 여정에 나서기는 어려우며, 따라서 동반자이자 안내자로 〈밀로의 비너스〉를 데려갈 생각이다.

한 이야기가 시작되면 다른 이야기는 끝나야 한다. 베르길리우스Publius Vergilius Maro의 영혼의 인도를 받아 지옥의 두 번째 고리를 여행하는 단테Alighieri Dante는, 거센 폭풍에 뒤흔들리는 파리스와 욕정의 죄에 굴복한 헬레네를 비롯한 다른 이들의 혼령을 본다.

나는 모든 빛이 침묵에 잠기는 곳에 도착했다.
폭풍이 휘몰아치는 바다가 으르렁거리는 곳.
맞부딪치는 바람들이 싸우는 전쟁터.
쉴 새 없이 불어대는 지옥의 태풍은
영혼들을 휙휙 돌리고 때리면서
몰아세우며 괴롭히고 있었다.

영혼들이 허물어진 벼랑으로 휩쓸려 갔을 때

비명과 한탄과 통곡이 밀려왔다.

그들은 하느님의 권능을 저주하고 있었다.

아마 여기에 아름다움의 매혹에 너무 쉽게 굴복하는 모든
이들에게 던지는 경고가 있을지니.

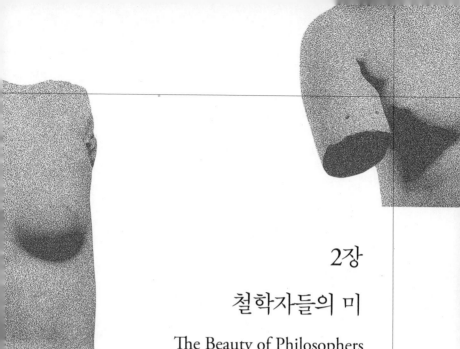

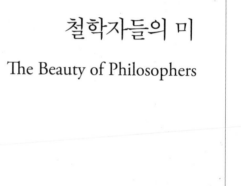

2장

철학자들의 미

The Beauty of Philosophers

"가장 현명한 것은 무엇인가? 숫자다."

트로야가 함락당해 파괴된 책임을 누구에게 물어야 할까? 헬레네를 납치해서 1000척으로 이루어진 그리스 함대가 그 전설적인 도시로 진격하게 만든 파리스? 또는 지상에서 가장 아름다운 여자의 사랑을 주겠다고 파리스에게 제안한 아프로디테? 트로야가 10년간 포위당하고 결국 트로야 목마를 선물로 받아 파멸하게 만든 여신 자신에게 책임을 물으면 안 되는가? 아니면 헬레네? 어쨌든 파리스가 그녀의 아름다움에 흠뻑 빠져서 지혜와 부 대신 그녀의 손길을 택하게 만들었으니 말이다. 크리스토퍼 말로Christopher Marlowe가《파우스트Faust》이야기를 개작한《포스터스 박사의 비극The Tragedy of Dr. Faustus》에서 영원히 저주받은 위텐버그의 존 포스터스는 헬렌의 영혼을 소환한다.

정녕 이것이 1000척의 선단을 출범시켜

일리움의 까마득한 탑들을 불태운 바로 그 얼굴이었

나?―

달콤한 헬렌, 입맞춤으로 나에게 불멸을 주오.

〔헬렌에게 입을 맞춘다.〕

그녀의 입술이 내 영혼을 빨아들이는구나. 보자, 어디로

날아가는지!―

이리 오라, 헬렌, 이리 와서 내게 영혼을 다시 달라.

나는 이곳에 살리라. 이 입술 속에 천국이 있으니.

그리고 헬레나가 아닌 것은 모조리 쓰레기이니.

나는 파리스가 될 테고, 당신의 사랑을 얻기 위해

트로야 대신 위텐버그가 약탈되리라.

하지만 성급하게 책임을 묻지 말자. 소피스트이자 수사학자
인 레온티니의 고르기아스Gorgias of Leontini는《헬레네 예찬Encomium
of Helen》에서 "무지한 비방에서 헬레네를 구하기 위해" 그녀의
무고함을 장황하게 입증한다. 그리고《일리아스》에서 전설적인
호메로스는 트로야 전쟁에 암묵적인 정당성을 부여한다. 헬레
네의 거부할 수 없는 아름다움 때문에 그녀가 일으킨 거대한
고통이 용서받는다. 하지만 이처럼 호메로스의 문서 곳곳에서

육체(남녀 모두)의 아름다움을 논하는 구절이 있다 하더라도 호메로스라고 알려진 작가(또는 작가들)가 아름다움을 의식적으로 이해했는지 파악하기는 어렵다. 분명 미의 진가를 인식하기는 했지만, 시각에만 국한되지 않았다. 호메로스와 그의 동시대인들에게 육체가 아름다운 것은 영혼과 인격의 특질 때문인데, 이런 특질은 정신으로만 인지되었다. 고대 그리스의 소크라테스 이전 철학자들이 세계를 질서정연한 전체로 정의하는 단일한 법칙을 찾기 시작한 기원전 6세기가 되어서야 뚜렷한 미학 연구가 등장한다. 그리고 우주론과 수학, 자연과학을 하나로 통합해서 미가 비례의 문제라는 언뜻 명백한 결론을 제시한 것은 다름 아닌 피타고라스와 그의 학파였다.

"가장 현명한 것은 무엇인가? 숫자다." 기원전 6세기 이오니아의 수학자이자 철학자인 피타고라스는 아마 철학과 종교에 기여한 것으로 가장 유명할 것이다(전설과 모호함 때문에 어떤 견해가 피타고라스 본인의 것인지, 그리고 적지 않은 어떤 것이 추종자들이 덧붙인 내용인지를 알기가 어렵다). 피타고라스와 그의 학파는 또한 종종 미학적-수학적 세계관을 탄생시킨 공로를 인정받는다. 만물, 심지어 아름다움의 기원도 숫자에 있었다. 철학자 존 암스트롱John Armstrong은 《미의 은밀한 힘The Secret Power of Beauty》(2004)에서 이를 "과학의 첫 번째 꿈"이라고 묘사한다. 피타고라스가 볼 때, 관찰 가능한 세계의 외견상의 혼돈 이면에는 단순한 수학적 질서가 존재하며, 우리는 이 질서를 알아볼 수 있다. 하지만 그보다 아름다움이 이 질서를 이해하는 열쇠다. 세계는 질서가 잡혔을 뿐 아니라 아름다운 질서를 갖고 있다. 아리스토텔레스가 나중에 말하는 것처럼, "피타고라스학파는 (…) 수학을 탐구하면서 자랐기 때문에 만물이 숫자이며 (…) 우주 전체가 저울과 숫자라고 생각했다."

피타고라스학파는 아름다운 소리를 지배하는 수학적 비율을 처음으로 연구한 사람들이었다. 피타고라스학파인 아르키타스Archytas, 기원전 428년경~기원전 347년경는 수학이 천문학, 기하학, 산술, 음악 등 네 개의 관련된 연구로 구성된다고 설명했다. 르네상스로 이어지는 1000년 동안 피타고라스의 횃불을—거의 혼자서—치켜든 아니키우스 보에티우스Anicius Boëthius, 480~524는 "음악을 포함한 네 가지 수학적 지식 분야"에 관해 이야기하면서 계속해서 "나머지 세 개는 합리적 진리의 연구와 관련되지만, 음악은 추론만이 아니라 인간 행동과도 관련된다"고 말한다. 보에티우스는 어느 날 아침 피타고라스가 대장장이가 쓰는 망치들이 모루를 때릴 때 다른 소리가 난다는 걸 알아차리고, 그 덕분에 이렇게 얻은 음계의 소리들 관계가 망치의 무게에 비례한다는 것을 이야기한다(프란치노 가푸리오Franchino Gaffurio는《음들의 관계에 관한 피타고라스의 실험Pythagoras' Experiments with the Relationships Between Sounds》에서 이 일화를 절묘하게 묘사한다).

다른 예를 들자면, 줄을 팽팽하게 매어 놓고 퉁기면 음이 난다. 피타고라스가 첫 번째 줄의 정확히 절반 길이의 줄을 만들어 퉁기자 두 음이 조화를 이루었다(오늘날 우리가 말하는 옥타브다). 이렇게 귀가 즐거운 경험은 현들의 길이 사이의 수학적 비례로 결정되는 것임이 밝혀졌다. 질이 양에 의해 결정되는 것처럼 보인다. 피타고라스학파에게 음악은 직접적이고 정확하게 감각에 닿으면서 영혼에 영향을 미치는 수학적 지식 분야였다. 음악은 물질세계와 숫자를 연결하는 경첩이었다. 더 나아가 보에티우스는 또한 피타고라스학파가 다양한 음악 선법旋法이 사람의 심리에 각기 다른 영향을 미친다는 것을 알았다고 말한다. 거친 음악은 우리의 감정을 뒤흔들 수 있고, 부드러운 음악은 진정시키는 효과를 발휘할 수 있다. 피타고라스는 영혼이 조화를 잃을 수 있으며(우리가 괴롭거나 비참할 때), 음악이 영혼의 내적 조화를 바꿈으로써 우리에게 영향을 미친다고 주장했다. 보에티우스가《음악론De Musica》에서 설명하는 것처럼,

달콤한 선법에 빠지고, 그렇지 않은 선법에는 짜증이 나는 것은 인간 본성의 기본 중의 기본이다. 이런 본성은 일정

한 연령이나 기질의 개인들에게게만 해당되는 게 아니라 모든 성향에 관련된다. 어린아이, 젊은이, 노인은 자연스럽게 저절로 음악의 선법에 영향을 받으며, 따라서 우리는 어떤 연령도 달콤한 선율의 즐거움을 혐오하지 않는다고 말할 수 있다. 그리하여 우리는 세계의 영혼은 음악적 조화로 이루어져 있다는 플라톤의 격언이 확고하다는 것을 인정할 수 있다. 그러므로 우리 안에서 조화로운 것 덕분에 우리는 음의 조화로운 구성을 지각하며 거기서 즐거움을 느낀다. 우리가 음과 비슷하게 만들어져 있음을 이해하기 때문이다. 그러므로 유사성은 즐거움을 주는 반면 차이는 불쾌하다.

피타고라스학파에게 어떤 것들이 우리에게 아름답게 보이는 것은 우연이 아니었다. 아름다움은 수학적 비례의 문제다. 악곡이나 얼굴, 또는 이 점에 관해서는 〈밀로의 비너스〉는 단순한 수학적 비율(때로 신성한 분할sectio divina, 또는 황금분할이라고도 한다)을 드러내며, 이 비율이 우리를 즐겁게 하는 것은 우리의 영혼 또한 같은 비율에 지배되기 때문이다. 아름다움이 비례로 이루어진다는 관념은 생산적인 것이다. 수많은 그리스 건축물의 차원을 결정하는 비례(이를테면 파르테논 신전의 기둥 사이 간격이나 헤파이스토스 신전의 각 부분들 사이의 관계)는 음정을 결정하는 비율과 동일하다. 로마의 건축가 마르쿠스 비트루비우스^{Marcus} ^{Vitruvius}가 쓴 《건축론^{De Architettura}》 제9권을 보면 최적의 건축 비례를 실현하기 위한 지침이 나오는데, 이 지침은 르네상스 시대의 여러 건축 이론에 영감을 주었다. 1570년 처음 출간된 걸작 《건축론 4서^{Quattro Libri dell'Architettura}》에서 안드레아 팔라디오^{Andrea} ^{Palladio}는 방의 크기부터 문과 창문의 최적 크기에 이르기까지 건축물의 모든 측면을 결정하는 여러 이상적인 비례를 정식화한다. 모든 경우에 팔라디오는 피타고라스학파에서 기원하는 수학적 비율을 활용한다. 팔라디오의 이론은 독일의 건축가 아돌프 차이징^{Adolf Zeising}이 쓴 《인간 신체의 비례에 관한 새로운 교의^{Neue Lehre von den Proportionen des menschlichen Korpers}》(1854)에서 정점에 다다랐다. 차이징은 다음과 같이 확신하게 되었다.

〔황금분할에는〕 자연의 왕국과 회화 분야에서 아름다움과 완전성을 추구하는 형성의 기본 원리가 담겨 있다. 이 원리는 우주나 개인, 유기체나 비유기체, 음향이나 시각 어디서든 처음부터 모든 형상과 형태 관계의 지고한 목표이자 이상이지만, 인간 형상에서만 가장 완벽하게 실현되었다.

아름다움에서 수학적 비율을 찾으려는 시도는 건축에만 국

한되지 않았다. 레오나르도 다빈치Leonardo da Vinci의 〈모나리자
Mona Lisa〉—루브르의 또 다른 위대한 보물—의 얼굴은 황금비
율의 이상적인 비례와 맞는다는 주장이 종종 나온다. 다빈치
는 확실히 루카 파치올리Luca Pacioli의 절친이었는데, 파치올리는
1509년 다빈치의 도해가 담긴 《신성한 비례De Divina Proporzione》를
출간했지만 다빈치가 〈모나리자〉에서 황금비율을 의식적으로
활용했음을 보여주는 문서 자료는 존재하지 않는다. 자신의 예
술에 수학적 비율을 포함시켰다는 점에 의문의 여지가 거의
없는 또 다른 화가는 카탈루냐의 초현실주의자 살바도르 달
리Salvador Dalí다. 그가 그린 〈최후의 성찬식Sacrament of the Last Supper〉
은 오늘날 워싱턴 국립미술관에서 볼 수 있는데, "숫자 12의 편
집증적 숭고미에 바탕을 둔 산술적·철학적 우주론"으로 구상
된 작품이다. 그리고 무수히 많은 사례 중에서 마지막으로 하
나만 언급하자면, 스위스의 건축가이자 화가인 르코르뷔지에
Le Corbusier는 피타고라스와 보에티우스, 비트루비우스의 전통을
이어받아 모뒬로르Modulor라는 완전한 비례 체계를 고안했다.
1948년 출간한 《르모뒬로르》와 후속작인 1955년의 《모뒬로르
2》에서 르코르뷔지에는 이를 "건축과 기계에 두루 적용 가능
한, 인간의 척도에 맞는 조화로운 측정 범위"라고 묘사했다.

요슈타인 가아더Jostein Gaarder의 매혹적인 소설《소피의 세계 Sophie's World》에서 제목의 어린 주인공 소피 아문센은 수수께끼 같으면서도 유감스럽게도 허구적인 철학자 알베르토 크녹스의 가르침을 받으며 서양 철학의 역사를 관통하는 특별한 여행을 한다. 초기 그리스 철학을 통과하던 중에 소피는 헤라클레이 토스Heracleitos, 기원전 540년경~기원전 480년경를 소개받는다.

헤라클레이토스는 세계가 대립물들로 특징지어진다고 지적했단다. 만약 우리가 병에 걸리지 않는다면, 건강하다 는 게 무엇인지 알지 못할 테지. 만약 우리가 굶주림을 알지 못한다면, 배부른 상태를 기쁘다고 느끼지 못할 테고. 만약 전쟁이 존재하지 않는다면, 평화의 진가를 알지 못할 거야. 그리고 만약 겨울이 없다면, 결코 봄을 보지 못할 게다.

피타고라스와 그의 직계 제자들을 포함한 초기 그리스 철학 자들에게 두 대립물의 대비(병과 건강, 굶주림과 배부름, 전쟁과 평화, 겨울과 봄)는 한쪽만이 완벽과 미를 나타낼 수 있음을 의미했다. 그런데 소피는 헤라클레이토스는 다른 해법을 제안했다는 말 을 듣는다. "좋은 것과 나쁜 것 모두 만물의 질서에서 불가피한 자리가 있단다. (…) 이렇게 대립물들이 끊임없이 상호작용하지 않으면 세계는 존재를 멈추게 되지." 대립물 사이의 조화는 한쪽을 소멸시키는 식이 아니라 둘 다 끊임없는 변형 상태로 존재하게 내버려 두는 식으로 실현될 수 있다. 필롤라오스Philolaos나 아르키타스 같은 후대의 피타고라스학파는 이런 제안을 받아들여 자신들의 교의에 도입하면서 두 대립체의 균형이라는 관념을 탄생시켰다. 그리고 대립물의 조화라는 관념이 시각적 관계 수준에도 전달된 결과는 대칭이었다. 피타고라스의 고찰은 이제 대칭의 필요성을 나타냈다. 이런 대칭의 필요성은 신체적 매력 연구에서 가장 지속적인 하나의 규범이 된다.

그리스의 대칭과 비례 개념은 조각상의 모든 부분이 다른 부분 및 전체와 완벽한 '통약성commensurability(공통의 척도로 잴 수 있음)'을 이루는 것을 이상화했다. 의사 갈레노스Galenos는 (서기 2세기에) 육체의 건강은 구성 요소들이 조화를 이룬 결과라는 스토아학파 철학자 크리시포스Chrysippos의 견해에 관해 논평하면서 다음과 같이 덧붙인다.

폴리클레이토스Polycleitos가《기준Canon》에서 쓴 것처럼, 크리시포스는 아름다움은 개별 요소들의 통약성symmetria(이 장 전체에서 지은이가 설명하는 것처럼, 고대 그리스에서 '대칭symmetry'이란 현대적 의미의 '좌우 대칭'보다는 통약성에 가까운 개

넘이다.─옮긴이)에 있는 게 아니라 손가락과 손가락의 통약성, 모든 손가락과 손허리뼈metacarpus(손바닥을 이루는 다섯 개의 뼈)·손목뼈carpus의 통약성, 이것이 모두 합쳐진 손과 팔뚝의 통약성, 팔뚝과 팔의 통약성, 사실상 모든 부위들의 통약성에 있다고 본다. 그 책에서 인체의 모든 '통약성'을 가르쳐 준 폴리클레이토스는 작품 하나로 자신의 책을 뒷받침했다. 책의 기조에 따라 한 남자의 조각상을 만들고, 여기에 책과 같은 '기준'이라는 제목을 붙였다.

여기서 갈레노스가 '기준'이라고 언급하는 조각상은 실은 〈도리포로스Doryphoros(창을 든 청년)〉(179쪽 [그림 4])인데, 이 작품에서 폴리클레이토스는 자신이 생각하는 인체의 이상적 모델을 구성하는 대칭 개념을 발전시켰다. 창을 든 청년의 조각상은 이 이상을 고스란히 보여준다. 청년 몸의 한쪽 팔과 한쪽 다리는 팽팽하게 긴장한 상태이고(왼다리는 병사의 몸무게를 지탱하며, 왼팔은 창을 들고 있다), 반대쪽 팔다리는 자유롭게 늘어져 있다. 팔다리의 통약성 상태가 형상의 전반적인 균형감에 기여한다. 긴장과 이완, 여윔과 탄탄함의 균형이다. 폴리클레이토스가 발전시킨 이 비례 기준은 기원전 5세기의 이상적인 아름다움의 지각을 대표한 까닭에 활발하게 복제되었다. 이 시기의 그리스 조각은 특정하게 수용된 비례 안에서, 그리고 특정한 주제나 모델에 관해 가장 많이 창조된다. 아마 고대 이집트인들의 영향이 남아 있었을 텐데, 그리스 조각가들은 조각을 똑같이 만드는 방법을 고안했다. 그중 가장 널리 퍼진 방법은 '점 방식point system'이었다. 일단 이상적인 형태의 비례와 관계를 파악하면, 조각가는 사각형 대리석 덩어리의 앞면과 뒷면에 격자나 여러 점을 그린 다음, 미리 계산한 부피의 돌을 깎아내기 시작했다. 필수적인 비례를 깎아낸 뒤, 돌을 둥글게 다듬으면서 세부를 추가했다.

비례 기준을 보여주는 조각의 목적은 근본적인 기하학 규칙을 이해하기만 하면 어떻게 이상적 형태를 만들 수 있는지를 연구하는 것이었다. (이는 사실 플라톤의 저작을 예상한 셈이다. 인체와 마찬가지로, 모든 것에는 미와 덕을 구현하는 완벽한 형태가 존재한다. 존재하는 모든 인체는 이런 '완벽한' 플라톤적 몸을 본뜬 복제물이다.) 폴리클레이토스와 피타고라스학파가 볼 때, 따라서 육체의(그리고 정신의) 아름다움을 설명하는 것은 정확한 비례를 갖추는 문제였다. 〈밀로의 비너스〉가 아름다운 건 조각가가 비너스의 감정의 정확한 균형 상태를 포착하고(이로써 기분 좋은 얼굴빛이 만들어진다), 비너스의 신체 부위들이 서로 조화로운 관계를 이루기 때문이다. 〈도리포로스〉만큼 유명하지는 않은 〈디아두메노스〈디아데마(고대 그리스에서 왕족이나 군주가 머리에 쓴 머리띠 형태의 금속 장식.—옮긴이)를 매는 청년》에서 폴리클레이토스는 조화와 통약성의 효과를 재현했다. 조각상의 두 눈은 같은 거리에 있고, 몸통의 근육도 동일하며, 팔과 다리도 똑같이 정확하다.

유감스럽게도, 폴리클레이토스의《기준》은 문서로 남지 않았지만(황금분할의 여러 측면을 담은 것으로 여겨진다), 후대 작가들은 그리스 건축과 인체 묘사에서 그가 대칭과 비례를 활용한 것을 자주 언급한다. 훗날(서기 1세기) 비트루비우스는《건축론》3권에서 선례를 따랐다.

신전의 설계는 대칭에 의지하는데, 건축가는 대칭의 규칙을 가장 꼼꼼하게 준수해야 한다. 대칭은 그리스인들이 '아날로기아analogia'라고 부르는 비례에서 생겨난다. 비례는 각기 다른 부분의 크기를 서로, 그리고 전체에 대해 적절하게 조정하는 것이며, 대칭은 이런 적절한 조정에 의지한다. 그리하여 어떤 건축물도 대칭과 비례가 부족하면 잘 설계되었다고 말할 수 없다. 실제로 대칭과 비례는 모양 좋은 인체의 아름다움만큼이나 건축물의 아름다움에도 필수적이다.

비트루비우스의 저작은 9세기 초 샤를마뉴의 궁정 필경실 덕분에 살아남은 많은 라틴어 문서 가운데 하나이지만,《건축론》은 중세 시대에 거의 관심을 받지 못한 것으로 보인다. 15세기 말과 16세기 초에 첫 번째 인쇄본이 나오자 유럽 각국 언어로 신속하게 번역되어 르네상스 시대 동안 미학 연구에 심대한 영향을 미쳤다. 독일의 위대한 화가이자 판화가, 수학자인 알브레히트 뒤러Albrecht Dürer는 더욱 성숙한 비례 이론에 크게 영향을 받았다. 1500년 완성한 〈가발을 쓴 자화상Self-portrait in a Wig〉은 비례적으로 구성된 머리의 특징이 있으며, 1504년에 판화 〈아담과 이브Adam and Eve〉를 만드는 과정에서는 형상을 묘사하기 위해 직접 만든 복잡한 자와 컴퍼스 작도를 설명했다(생애 만년에 그가 한데 모은 비례에 관한 사고는 사후에《비례론》으로 출간되었다).

뒤러의 대칭 연구는 수학적 비례의 아름다움에 관한 몇몇 글에서 앞서 등장했다. 모든 형상이 기하학적 좌표에 의해 결정되는 빌라르 드 온느쿠르Villard de Honnecourt의 《건축도집Livre de Portraiture》도 그중 하나다. 레오나르도 다빈치의 유명한 〈비트루비우스 인간〉(1490)도 마찬가지로 벌거벗은 남성의 형상을 묘사한다. 두 팔을 벌리고 원과 정사각형에 동시에 내접한 남자는 겹쳐진 두 자세를 하고 있다. 노트에서 다빈치는《건축론》에서 따온 구절을 분명히 설명한다.

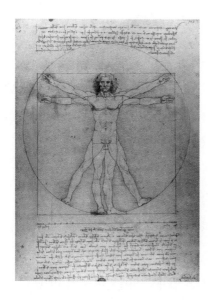

〈비트루비우스 인간〉,
레오나르도 다빈치

배꼽은 자연스럽게 인체의 한가운데에 위치하며, 만약 남자가 얼굴을 위로 향하고 팔과 다리를 쭉 뻗은 채 누우면, 가운데의 배꼽을 중심으로 손가락과 발가락을 지나는 원을 그릴 수 있다. 이렇게 인체에 외접하는 도형은 원만이 아니며, 정사각형 안에도 인체를 넣을 수 있다. 발부터 정수리까지 측정한 다음 양쪽으로 쭉 뻗은 팔을 재면 두 수치는 정확히 일치한다. 따라서 각각에 직각으로 인체를 둘러싸는 선을 그으면 정사각형이 만들어진다.

15세기에 뒤러와 다빈치 등이 인체의 수학적 비례를 재발견한 것은 이탈리아 르네상스로 이어지는 위대한 업적의 하나로 여겨진다. 특히 다빈치의 그림은 고대 문서의 꼼꼼한 독서를 실제 인체에 대한 관찰과 결합시킨다. 어떻게 보면, 인체와 측정이 그렇게 복잡하게 연결되는 것은 그리 놀랄 일이 아니다. 인류학자 메리 더글러스Mary Douglas는 《자연의 상징들Natural Symbols》(1970)에서 인체는 우리가 무엇보다도 먼저 가장 자연스럽게 사용하는 도구라고 지적했다. 손가락으로 세든 보폭으로 거리를 재든, 기본적 셈과 측정 방식은 언제나 인체를 도구로 삼아 시작된다. 더욱 흥미로운 점은 인체의 비례와 수학적 비율이 매력적인 것으로 지각된다는 것이다.

그렇다면 근대의 심리학이 이 논쟁에 뛰어드는 것은 불가피한 일이다. 다소 조잡하기는 하나 이 분야의 실험을 선구적으로 수행한 것은 1860년대의 독일 심리학자 구스타프 테오도어 페히너Gustav Theodor Fechner다. 라이프치히대학교에 물리학 교수로 임명된 페히너는 색채와 시각 현상을 연구하던 중에 시각에 이상이 생기면서 사임할 수밖에 없었다. 그는 물리학에서 잃은 것을 심리학으로 되찾았다. 시각을 회복하자마자 정신, 그리고 정신과 신체의 관계에 관한 연구로 관심을 돌렸고, 1860년대에 미학에 관한 일련의 연구를 시작했다. 황금분할에 관한 페히너의 연구는 지극히 단순했다.《실험미학에 관하여^{Zür} Experimentalen Äesthetik》(1871)에서 페히너는 세 가지 연구 방법을 설명했다.

첫째, 선택^{Wahl} 방법에서 참가자들은 여러 대상 가운데 자신이 가장 좋아하는(또는 싫어하는) 것을 고른다. 예컨대 한 연구에서는 길이와 너비의 비율이 다양한 직사각형 10개를 참가자 앞에 놓고 가장 마음에 드는 것을 고르라고 했다. 페히너가 얻은 결과에서는 전체 선택의 3분의 2 이상이 '황금사각형(두 변의 길이비가 황금비(1:1.618)를 이루는 사각형)'에 가장 가까운 비율을 가진 세 개에 집중되었다. 둘째, 생산^{Herstellung} 방법에서는 참가자들에게 가장 마음에 드는 비례를 가진 물체를 그리거나 만들어 보라고 한다. 마지막으로, 사용^{Verwendung} 방법에서 페히너는 (1878년 출간한《미학 입문^{Vorschule de Äesthetik}》에서) 직사각형 모양의 물체 수천 개의 치수를 제시하면서 이것들이 황금분할에 가까운 평균 비율에 해당한다고 주장했다.

황금 비율이 미적으로 만족감을 준다는 몇 가지 증거를 발견한 페히너에게는 왜 사람들이 황금비율을 좋아하는지를 설명하는 과제가 남겨졌다. 이 질문에 대해 그는 이렇게 답했다. "만약 답을 물으신다면 나도 모른다고 간단하게 답하겠습니다." 페히너가 선구적인 연구를 하고 100여 년 뒤인 지금도 아직 뚜렷한 합의가 나오지 않은 듯하다. 1997년 심리학자 홀거 회게Holger Höge는 황금분할 가설의 최후의 장례식을 선언했지만, 겨우 2년 전에 크리스토퍼 그린Christopher Green은 '미약한 효과'를 제안한 바 있었다. 하지만 여기서 우리의 관심사는 인간의 신체적 매력에 관한 연구이지 직사각형의 추상적 미학이 아니다. 이와 관련하여 이 문제를 검토하는 대부분의 연구가 그리스의 비례 관념에서 벗어나고 있다는 점이 무척 흥미롭다. 그보다 이 연구들에서 대칭은 얼굴 같은 어떤 속성의 왼쪽과 오른쪽의 유사성을 뜻하는 것으로 여겨진다.

그리고 실제로 이 최신 분야에서 관심을 거의 독차지하는 대상은 인간의 얼굴이다. 비인간 종에서 대칭의 중요성을 보여주는 증거—예컨대 암컷 제비는 대칭에 가까운 꼬리를 가진 수컷에 대한 선호를 보인다—에 자극받은 많은 연구가 대칭에 가까운 인간의 얼굴이 비대칭적인 얼굴보다 매력적이라고 말한다. (여기서 나는 대칭적 얼굴의 매력을 검토하는 10여 년간의 연구에 뛰어들고 싶지 않다. 하지만 연구자들이 뚜렷한 합의에 전혀 다다르지 못했다는 점은 지적할 필요가 있다. 최근의 몇몇 연구에서는 대칭이 실제로 비대칭보다 덜 매력적으로 지각된다고 말한다. 완벽한 안면 대칭은 비대칭이 정상인 환경에서 비정상으로 보이기 때문이다. 2005년, 달리아 제이들Dahlia Zaidel과 동료들은 안면 대칭은 건강한 외모에는 중요하지만 매력적인 외모에는 중요하지 않다는 것을 보여주면서 프랜시스 베이컨Francis Bacon이 한 말을 상기시켰다. "탁월하게 아름다운 것 중에 비례가 약간 이상하지 않은 것은 없다.")

몇몇 연구는 대칭의 역할을 몸 전체로 확대하려고 했다. 예컨대 진화생물학자 랜디 손힐Randy Thornhill과 동료들은 대칭에 가까운 남성이 더 많은 성적 파트너를 유혹하고 더 자주 성관계를 한다고 시사했다. 이런 연구의 문제점은 성 행동에 관한 설문지를 사용하는 과정에서 개인의 신체의 매력을 직접 측정하지 않는다는 것이다. 최근 연구에서 마틴 토비Martin Tovée와 동료들은 몸의 정상적인 이미지를 '변형'해서 완벽한 대칭을 이루는 이미지를 만들기 위해 특별히 개발한 소프트웨어를 이용했다. 관찰자들에게 이 이미지들의 매력 등급을 매겨 달라고 요청했을 때, 정상적인 이미지들(대칭 정도가 다양하다)과 변형된 이미지들(완전히 대칭적이다)의 등급에는 차이가 전혀 없어 보였다. 하지만 관찰자들에게 바꾸지 않은 이미지와 대칭으로 바꾼 이미지를 동시에 보여주고 둘 중 어느 쪽이 더 매력적인지 선택을 강요할 때는 대칭적 이미지를 선택하는 경향이 있었다. 대칭은 매력을 지각하는 데서 사소한 역할을 하는 것으로 보인다. 선택권이 주어지면 우리는 (얼굴을 제외하고) 대칭적인 몸을 가진 사람을 비대칭적인 몸을 가진 사람보다 더 매력적으로 느낀다.

1974년 어느 날 오후, 고대 도시 이스파한에서 이란 여학생들에게 영어를 가르치는 젊은 영국인 존 피트는 천사들로 가득한 가게에서 깨어난다.

비틀거리며 일어나 두 방을 가르는 높은 문설주에 기대어 보니 검은색 기도용 차도르를 입은 여자애가 눈에 들어왔다. 머릿속으로 생각했다. 이 애는 자기가 너무 크다고 생각하지만 그렇지 않아. 아이 뒤에서는 샤의 모스크 마당에 있는 비둘기 떼처럼 여자애들의 밝은 목소리가 빙글빙글 돌다가 내리꽂혔지만, 문가의 아이는 가만히 있었다. (…) 아이의 눈동자는 검은색이었는데, 너무도 검어서 방의 빛을 모조리 빨아들이는 것 같았다. 눈동자의 검은색은 빛의 부재가 아니라 그 자체가 빛이었다. 그 순간까지 내가 존재를 경험하거나 알지 못한 종류의 빛이었다. 그 검은색 아래서는 태양 세계의 물체들이 우울한 허무감을 띠었다.

제임스 버컨James Buchan의 아름답고 열정적인 소설《죽기 좋은 곳A Good Place to Die》에서 피트가 시린 파라메를 처음 보는 장면은 대칭과 비례의 미학 원리와 관련된 우리의 첫 번째 난점을 소개하는 데 도움이 된다. 조화로운 비례 자체는 사실 그만큼 매력적이지 않다. 파라메의 눈은 기하학적 구조나 수학적 비례 때문에 피트에게 아름답게 보이는 것이 아닌 듯하다. 그보다 피트는 검은 눈동자에서 다른 것을 본다. 피트는 색깔과 광휘를 보며, 인기가 없는 여자애를 본다. "그 애는 뻣뻣하거나 까다롭고, 가난하거나 어쩌면 부자일지 모르고, 너무 현명하거나 너무 둔하며, 예쁘지 않거나 너무 예쁘고, 바하이교도거나 기독교도이며, 정말로 키가 크다." 내가 말하고자 하는 요점은 이런 것이다. 우리는 비례와 대칭의 이론이 무엇이 인간의 몸을 아름답게 만드는지에 관해 말해 준다는 것을 받아들일 수 있지만, 그 자체로는 거의 아무것도 말해 주지 않는다.

이런 이의 제기를 다른 각도에서 계속 해보자. 우리는 (고대 그리스적, 또는 현대 심리학적 의미에서) 조화로운 대칭을 이루는 몸을 매력적이라고 판단할지 모르지만, 그렇다고 해서 비대칭적 특징을 아름답다고 판단하지 못하는 것은 아니다. 〈밀로의 비너스〉의 비례가 대칭적이지 않다는 빌헬름 헹케의 발견을 상기해 보라. 그럼에도 우리(또는 적어도 우리 중 일부)는 여전히 이 조각이 아름답다고 판단한다. 18세기의 철학자 에드먼드 버크Edmund Burke는 《숭고와 아름다움의 관념의 기원에 관한 철학적 탐구A Philosophical Inquiry into the Origin of Our Ideas of the Sublime and Beautiful》(1756)에서 이 점을 유창하게 설명했다.

서로 일정하게 비례를 이룬다고 여겨지는 인체의 부위가 일부 있다. 하지만 아름다움을 낳는 원인이 여기에 있음을 증명하기에 앞서 이런 비례가 어디에서 정확하다고 발견되든 간에 그런 비례를 지닌 사람이 아름답다는 것을 보여주어야 한다. (…) 마찬가지로, 이 부위들이 서로 뚜렷한 관계를 이루어서 그것들을 쉽게 비교할 수 있으며, 그 관계로부터 자연스럽게 마음속 애정이 생겨난다는 것을 보여주어야 한다. 나 자신이 이런 비례의 다수를 여러 차례 꼼꼼하게 검토한 결과, 여러 대상에서 이런 비례가 아주 거의 또는 완전히 똑같다는 것을 발견했다. 그런데 그들은 서로 무척 다를 뿐만 아니라 한쪽은 대단히 아름답고 다른 쪽은 아름다움과는 아주 거리가 멀었다.

잠깐이나마 일본의 와비사비wabi-sabi, 侘寂 개념을 생각해 보는 것도 매혹적이겠다. 서구 용어로는 설명하기 어렵지만 불완전한 것이나 미완성인 것의 미학을 설명하기 위한 개념이다. 이 시점에서 우리에게 와비사비가 갖는 중요성은 분명하다. 영원히 계속되거나 완벽한 아름다움이란 존재하지 않기 때문이다. 더욱이, 몇 가지 비례가 다른 것보다 더 중요한 것은 분명하다. 물리학자 마리오 리비오Mario Livio가 주장하는 것처럼, (사람의 얼굴에 관해서이긴 하나) 선택할 수 있는 길이만 해도 수백 가지가 존재한다. 인내심을 가지고 다양한 방식으로 숫자를 조작한다면, 매력적이라고 여겨지는 비례를 얻게 마련이다. 더욱이 남자와 여자에 똑같은 비례 측정치를 적용해야 하는가? 버크는 그런 시도는 의미가 없다고 말한다.

> 하지만 이런 비례가 모든 잘생긴 남자에게서 똑같이 나타나는가? 또는 아름다운 여자에게서 발견되는 모든 비례와 같은가? 그런 비례가 존재한다고 말하는 이는 아무도 없다. 하지만 남녀 모두 분명 아름다울 수 있고, 여성은 가장 아름다울 수 있다. 그런 이점이 여성에게서 우월하게 정확한 비례 때문이라고 보기는 어렵다.

대칭만으로 파라메의 검은 눈동자의 매력을 설명할 수 없다는 사실을 차치하더라도, 지금까지 우리가 마주친 비례 개념은 여전히 꽤나 엄격하다. 폴리클레이토스의 〈도리포로스〉는 확실히 여러 부위 간의 올바른 비례의 모든 규칙을 구현하지만, 그는 또한 《기준》에서 이제 더는 고정된 단위를 내세우지 않는다. 오히려 그가 옹호한 기준은 유기체적이며, 부위들 간의 비례는 신체의 움직임, 관점의 변화, 보는 사람의 위치와 관련된 형상의 조정에 따라 결정된다. 비트루비우스는 더 나아가 비례, 즉 대칭 원리의 엄밀한 적용과 '마음에 드는 겉모습과 잘 맞는 외관venusta species commodusque aspectus', 즉 '에우리드미아eurhythmy(좋은 리듬)'를 구별한다. 에우리드미아란 시각의 필요에 맞게 비례를 조정하는 것이다.

> 건축물의 모든 중요한 부분이 이렇게 높이와 폭, 폭과 깊이의 올바른 상관관계에 따라 편의적으로 비례가 정해지고, 이 모든 부분이 또한 건축물의 전체적인 대칭에서 제 자리를 갖게 될 때, 에우리드미아가 얻어진다.

그리하여 그리스 조각가들은 피타고라스적 비례를 분명히 존중하는 한편 이 기하학을 시각의 필요, 즉 조각이 보여지는 관점에 맞게 조정했다. 따라서 우리는 또 다른 이의 제기에 가깝게 다가간다. 움베르토 에코Umberto Eco는 '서구적 관념의 역사'를 서술한 《미의 역사Storia della bellezza》에서 이 이의 제기를 설명한다. 역사를 통틀어 비례의 이상과 비례에 맞게 구성된 결과물 사이에는 뚜렷한 차이가 있었다는 것이다.

에코는 르네상스의 비례에 관한 책자들을 사례로 든다. 레오나르도 다빈치의 〈비트루비우스 인간〉 같은 책자가 당대의 미학적 이상을 구현한 것이라고 가정한다면, 도대체 왜 그토록 많은 예술가가 이런 이상을 자신의 작품에 담지 않은 걸까? 또는 에코가 말하는 것처럼, "회화를 통해 인간의 아름다움이라는 르네상스적 이상을 이해하려 할 때면, 이론의 완벽함과 취향의 다양함 사이에 간극이 있는 듯 보인다." 간단히 말해, 각기 다른 예술가들은 서로 다른 비례의 기준을 사용했다. 루카스 크라나흐Lucas Cranach의 〈비너스와 꿀을 훔치는 큐피드Venus with Cupid Stealing Honey〉(180쪽 [그림 5])와 산드로 보티첼리Sandro Botticelli의 〈비너스의 탄생La naissance de Vénus〉(181쪽 [그림 6])은 두 작품 모두 같은 모델을 묘사하려고 하지만 다른 비례 설계를 이용한다.

〔에코가 말하는 것처럼〕 유명한 남성을 묘사한 화가들은 어떤 비례 기준에 맞추는 것보다 강한 체격이나 정신적 힘, 그리고 얼굴 표정으로 전달되는 권력의지에 관심이 많았다. 하지만 그렇다고 해서 이 남성들 다수가 또한 신체적으로 잘생긴 외모를 나타냈다는 사실이 사라지는 것은 아니며, 우리는 단지 당대의 영웅들에 공통된 비례 기준이 무엇이었는지 알지 못할 뿐이다.

따라서 각 역사적 시대에 신체적 미와 관련된 서로 다른 비례 감각이 존재한 것으로 보인다. 폴리클레이토스가 이해한 비례는 힐데가르트 폰 빙엔Hildegard von Bingen 같은 중세 시대 예술가들의 비례 관념과 같지 않았고, 또한 후자는 르네상스와 심지어 현대의 예술가들이 선호한 비례와 달랐다(파블로 피카소 같은 아방가르드 화가들을 생각해 보라). 비례에 관한 취향의 변화는 회화와 조각에서만 분명하게 드러나는 것이 아니다. 피타고라스가 선호한 음악적 비례는 중세 사람들이 좋다고 여긴 것과 같지 않았다. 문학에서 조프루아 드 뱅소프Geoffroy de Vinsauf는 비례를 적절함으로 논하면서 수학적 양을 철학적 질로 바꿨으며, 모든 성당 건축가들이 팔라디오의 지침을 따른 것도 아니다. 이런 관점에서 보면, 비례가 미의 기준이라는 것을 부정한 버크의 견해에 다다르는 것도 가능하다. "이런 점들을 고려할 때, 마음에 드는 결과를 낳기 위해 자연에 의해 작동하는 어떤 특정한 비례가 존재한다는 관념을 거부하고 싶은 마음이 든다." 하지만 비례가 미의 열쇠라는 주장이 오류라면, 무엇이 열쇠일까?

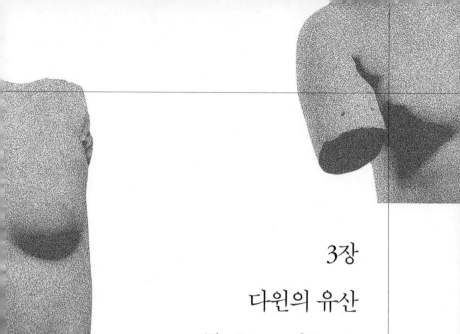

3장

다윈의 유산

The Legacy of Darwin

"오 인간의 아름다움이여, 얼마나 꿈결 같은가,
그대에게 우리의 삶과 희망을 허비해야 한다니!"

어느 한겨울 아침 7시 5분 전, 코번트가든에 있는 톰 킹의 커피하우스―술집들이 문을 닫는 심야에도 영업한다(커피하우스라는 이름과 달리 18세기 런던의 이 장소는 매춘부와 고객이 만나는 장소였다. 침대를 제공하지 않았기 때문에 성매매 업소 운영으로 처벌받지 않았지만, 밤새도록 떠들썩하게 음주를 즐길 수 있는 공간이었다.― 옮긴이) ― 에서 멀지 않은 곳에서 나이 지긋한 독신녀가 교회로 성큼성큼 걸어간다. 그 뒤로 여자의 기도서를 겨드랑이에 낀 급사가 오들오들 떨며 따라간다. 하루 장사를 준비하는 채소 장수들과 시장 좌판 주인들이 모인 곳을 지나고, 조제약을 홍보하는 광고판을 든 돌팔이 의사 리처드 스포크도 지나친다. 하지만 눈 덮인 옥상과 험악한 하늘에 꼼짝없이 갇힌 듯 앞에 모여 있는 사람들 가운데 거지 하나와 시장 여자 하나가 불을 쬐고 있다. 두 사람 뒤에는 아직 흥청망청 즐기는 미남 둘이 화려한 무늬의 옷차림으로 애인을 주무른다. 호화롭게 차려입은 독신녀가 거지를 어떻게 피하는지, 급사는 어떤지 보라. 거지가 손바닥을 내밀자 주머니에 손을 넣는 것은 숙녀가 아니라 급사다.

윌리엄 호가스William Hogarth의 연작 판화《하루 중 네 번Four Times of the Day》(1738)의 일부인 〈아침Morning〉은 여전히 부자와 빈자의 상태가 얼마나 큰 차이가 나는지를 상기시키는 강렬한 작품이다. 부유한 독신녀는 언뜻 겨울철 추위와 한 몸인 듯 거만해 보이는 반면, 음식과 정열·연대의 필요성을 가장 잘 이해하는 것은 주변의 가난한 사람들이다. 물론 호가스는 부자와 빈자를 가리지 않고 18세기 런던을 풍자했지만, 나는 모종의 이유로《하루 중 네 번》판화에 사로잡힌다. 각 판화—〈아침〉, 〈정오Noon〉, 〈저녁Evening〉, 〈밤Night〉—에서 북적거리는 가난과 일상생활의 바글거리는 분투를 전달하는 방식 때문에, 또는 호가스가 자기 고모(원문에 'aunt'라고 되어 있으나 정확한 친족 관계를 파악할 수 없었다.—옮긴이)를 매력 없는 독신녀의 모델로 삼은 사실 때문이다. 고모는 판화를 보자마자 격분해서 화가의 이름을 유언장에서 지워 버렸다.

생의 만년에 호가스는 7년 전쟁에 반대하는 평화 운동을 지지함으로써 결정적인 정치적 입장을 취했다. 당시에는 대단히 인기 없는 입장이었다. 하원 지도자 윌리엄 피트William Pitt를 조롱한 일을 계기로—호가스가 《타임스》에 그린 삽화에서 피트는 전쟁의 불길에 풀무질을 하기 위해 죽마를 타고 행진하는 모습으로 묘사된다. 윌리엄 벡퍼드William Beckford(런던 시장이자 피트의 추종자)가 아메리카 원주민 한 명을 "아메리카에서 산 채로 데려온" 물건이라고 광고하면서 피트를 지켜보고 있다.—호가스는 애석하게도 혐오의 대상이 되었다. 친구들에게 버림받고 동료 화가들을 배신했다고 비난받은 호가스는 곧바로 마비 발작을 겪고 동맥 파열로 사망한다. 1764년 10월, 67세 생일을 코앞에 둔 때였다.

윌리엄 호가스는 아마 당대에 가장 영향력 있는 풍자가이자 판화가였겠지만, 미학 연구에 중요한 기여를 했는데도 이런 사실은 그만큼 알려지지 않았다. 《미의 분석The Analysis of Beauty》 (1752)에서 그는 어떤 대상이나 사람을 아름답다고 정의하는 것이 무엇인지에 관한 설명을 최종적으로 제시하는 과제를 떠안았다. 에드먼드 버크의 동시대인이었던 그 역시 비례의 만족스럽지 못한 효과를 간단히 처리했다. "미의 가장 큰 효과가 아름다운 대상을 이루는 각 부분의 대칭에서 나온다고 생각할지 모른다. 하지만 내가 아주 쉽게 설득당하듯이, 이런 지배적인 통념은 조만간 거의 또는 전혀 근거가 없음이 드러날 것이다." 호가스는 아름다움의 비밀을 푸는 조금 다른 열쇠를 염두에 두지만, 우선—아마 역사상 최초일 미적 선호도 실험을 통해—독자들에게 여러 코르셋 중에서 가장 아름다운 것을 골라 보라고 권한다.

이 실험이 대단히 참신한, 그리고 우리 시대에 온갖 심리학 실험의 모델이 되는 이유는 독자에게 일련의 이미지를 비교하게 한다는 점에 있다. 이 이미지들은 한 가지 면에서만 다르며, 이 차이는 세심하게 단계적으로 달라진다. 존 암스트롱이 언급한 것처럼, 그 덕분에 우리는 왜 한 이미지를 다른 것보다 더 좋아하는지 분명히 밝힐 수 있다. 호가스는 대다수 사람들이 일렬로 늘어선 코르셋 중 가운데에 있는 세 개를 더 좋아할 것이라고 확신한다.

일렬로 늘어선 코르셋 덕분에 우리는 정밀한 물결 모양 선과 거기서 벗어나는 선이 미치는 효과에 관해 훨씬 더 완벽한 견해를 가질 수 있다. (…) 4번이 정확한 물결 모양 선으로 이루어져 있으며, 따라서 가장 모양이 좋은 코르셋이다. 좋은 코르셋의 고래수염은 모두 이런 식으로 구부러지게 만들어야 한다. 코르셋 전체가 뒤에서 단단히 묶으면 실로 아주 다채로운 내용물로 이루어진 껍데기이고, 그 표면이 아름다운 형태를 이루기 때문이다. 따라서 만약 끈을 잡아당기거나, 코르셋 뒤쪽 매듭 위에서부터 몸통을 감싸며 스터머커stomacher(드레스 안에 받쳐 입는 역삼각형 모양의 장식된 가슴옷.─옮긴이) 밑단까지 당기면 완벽하고 정교한, 뱀같이 구불구불한 선이 이루어진다.

왼쪽에 있는 코르셋들은 "너무 뻣뻣하고 조악한 쪽으로 치우친" 반면 오른쪽의 것들은 "세련되지 못한 기형"의 표본이라고 호가스는 말한다. 그는 명백하지는 않더라도 뭔가 주목할 만한 생각이 떠오른 듯하다. 아름다움의 본질은 "뱀같이 구불구불한" 선, 즉 부드럽게 좁아지는 나선이나 고리coil 모양에 있다는 것이다. 모든 것은 이 선의 구부러진 모양에 가까울수록 아름답다. 하지만 호가스는 코르셋의 선호도를 검토하는 데 그치지 않았다. 코, 허벅지, 테이블 다리, 종, 머리 모양 등으로 비슷한 실험을 되풀이한 그는 머리모양에 관해 다음과 같이 설명한다.

하지만 머리카락은 또 다른 매우 분명한 사례로, 주로 장식용으로 고안되면 자연스럽게 생겨나는 형태나 예술로 만드는 형태에 따라 어느 정도 아름답다고 입증된다. 그 자체로 가장 호감이 가는 것은 치렁치렁한 곱슬머리다. 그리고 머리카락이 자연스럽게 뒤섞이면서 만들어지는 물결 모양과 대비는 특히 산들바람에 휘날릴 때 뒤를 쫓는 즐거움으로 눈을 호강시킨다. 화가가 그러하듯 시인은 이를 알며, 바람에 흩날리는 무성한 곱슬머리를 묘사한다. 그리고 (…) 오늘날 숙녀들이 몰두하는 유행, 그러니까 머리카락 일부를 서로 뒤엉킨 뱀들처럼 뒤로 땋아서 밑에서부터 풍성하게 올리고 앞으로 나올수록 작아지게 해서 핀으로 고정시킨 나머지 머리의 모양에 자연스럽게 맞도록 하는 유행은 대단히 아름답다.

아름다움이 일정한 모양이나 형태에 있다는 사고는 그 자체로는 불충분해 보인다. 하지만 호가스는 심리학적 주장 하나를 덧붙인다(프랜시스 허치슨Francis Hutcheson의 1725년 저작《미와 덕의 관념의 기원에 관한 탐구An Inquiry into the Origins of Our Ideas of Beauty and Virtue》에서 빌려온 것이다). 호가스에 따르면, 우리의 마음은 변화에 의한 자극과 다양성을 추구하지만, 너무 많은 변화는 혼란과 피로를 낳는다. 따라서 우리는 규칙성과 동일성을 찾는다. 하지만 이번에는 다시 너무 많은 통일성은 지루함을 낳는다. 그러므로 가장 기분 좋은 대상은 자극과 규칙성에 대한 우리의 욕망을 동시에 충족시키면서 "다양성 속의 통일성"(이 구절은 원래 허치슨이 사용한 것이다)으로 아름다움을 경험하게 해주는 것이다. 이때 호가스의 독창성은 바로 이렇게 아름다움을 바라보는 일반적인 방식이 뱀같이 구불구불한 선을 수반한다고 주장한 점이다. 이 선은 최대의 변화를 제공하면서도 통일성을 유지해 준다고 그는 주장한다(그리고 나도 어느 정도 설득력이 있다고 인정해야겠다). 이 선은 각 점에서 미묘하게 방향이 바뀌지만(그리고 곡선이 확장되거나 축소됨에 따라 변화의 정도가 높아지거나 감소하지만), 선 전체는 단순하다는 시각적 인상을 준다. 그리고 이 점에서 호가스는 논의의 정점에 다다른다. 우리가 뱀같이 구불구불한 선이 아름답다고 느끼는 것은 인간 정신의 기본적 욕구, 즉 통일성과 다양성의 통합에 대한 욕구를 충족시키기 때문이다.

뱀같이 구불구불한 선에서 아름다움의 전형을 찾는다는 견해에서 결함을 찾기는 너무도 쉬워 보인다. 존 암스트롱의 책에 실린 한 장의 제목(데이비드 개릭David Garrick의 배)을 생각해 보라. 오늘날까지 영국 연극사에서 가장 큰 영향을 미친 인물로 손꼽히는 배우이자 극작가인 개릭은 미에 관한 호가스의 견해에 특히 심각하게 이의를 제기했다. 그는 살이 찌면서—호가스에 따르면—배가 굉장히 아름다운 형태에 도달했다. 하지만 개릭은 자기 배가 멋지다고 생각하지 않았다. 뱀같이 구불구불한 곡선은 테이블 다리나 꽃병의 윤곽을 이룰 때는 눈에 즐거울지 몰라도 개릭의 몸매를 형성할 때는 그렇게 매력적으로 보이지 않는다. 이 문제는 다르게 말할 수도 있다. 우리가 어떤 종류의 대상을 바라보는지가 중요한 듯하다. 한 대상에서는 마음에 드는 형태가 다른 대상에서는 보기 싫을 수 있다. 암스트롱은 뱀같이 구불구불한 선의 또 다른 문제를 지적한다. 호가스의 명제에 들어맞지 않는 아름다운 대상이 많이 있다는 것이다. 암스트롱은 베르사유 정원에 있는 프티트리아농을 예로 든다. 이 별궁은 세계에서 가장 아름다운 건축물로 널리 손꼽히지만, 호가스가 경탄하는 그런 곡선이 전혀 없다.

나는 호가스의 여러 주장을 완전히 무시할 생각이 전혀 없다. 그보다 나는 암스트롱의 다음과 같은 말에 동의한다. "호가스는 몇 가지 흥미로운 이야기를 하지만, 도를 넘어서 이 이론이 미에 관한 정확하고 완벽한 설명이라고 주장한다. 하지만 설령 호가스의 이론을 미에 관한 일반적인 설명으로 옹호할 수 없다 하더라도 거기에는 여전히 몇 가지 장점이 있다. 우리는 그의 이론을 일반적인 명제가 아니라 특별한 명제로 간주해야 한다." 호가스는 일정한 미에 관한 우리의 인식을 예리하게 다듬어 주었기 때문이다. 그는 우리가 어떤 물체와 몸에서 부드러운 곡선이 아름다울 수 있음을 보도록 도와주었다.

1859년, 찰스 다윈이 《자연선택에 따른 종의 기원에 관하여 (종의 기원)》On the Origin of Species by Means of Natural Selection, or the Preservation of Favoured Races in the Struggle for Life》를 출간하자 폭풍같이 열띤 논란이 일었다. 인간이 진화의 산물이지 창세기에 태어난 하느님의 자식이 아니라고 암시한 것이 분명했기 때문이다.(하지만 사실 다윈은 그런 연결 고리를 분명하게 밝히지 않았다. 단 한 구절에서만 그런 결론을 암시했다. "인간과 인류 역사의 기원에 빛이 던져질 것이다.") 다윈은 그 후 《육종에 따른 동물과 식물의 변이》The Variation of Animals and Plants Under Domestication》를 쓰기 시작하면서 인간에 관한 한 장을 자신의 이론에 포함시키기를 기대했다. 하지만 이 책은 지나치게 광범위했고, 다윈은 결국 인간의 진화와 발현을 다루는 '짧은 글'을 별도로 쓰기로 했다. 이 글은 《인간의 유래와 성선택》The Descent of Man, and Selection in Relation to Sex》(1871)이 된다.

독창적인 연구를 시작하고 12년 뒤에 나온 《인간의 유래와 성선택》은 인간 진화에 관한 최초의 저작이 결코 아니었다. 그보다 이 책은 당대에 벌어진 여러 논쟁에 대한 답변일뿐더러 그가 《종의 기원》에서 제기한 질문들보다 훨씬 광범위한 내용을 다룬다. 다윈이 인간 진화를 둘러싼 논쟁에 관해 자기 의견을 내려고 한 것은 분명하지만, 이 문제에 관해 그토록 늦게 나온 책에서 그가 염두에 둔 목표는 특정한 이론적 렌즈(그의 '성선택' 이론)를 통해 문제에 접근하는 것이었다. 앞서 당시의 다른 논평가들은 이 이론을 논하지 않았다. 우리가 신체적 매력을 연구하는 데에서 《인간의 유래와 성선택》에 특히 관심을 기울이는 것은 다윈이 여러 상이한 문화권의 선교사들과 편지를 교환하면서 얻은 미의 기준에 관한 광범위한 목록을 제공했기 때문이다. 매력적인 얼굴에 관해 기록한 부분에서 몇 가지 사례만 뽑아 보자. 하나는 치아에 관한 것이고, 다른 하나는 눈과 코에 관한 것이다.

우선 미개인이 외모에 상당히 신경을 쓴다는 사실부터 자세히 보여주는 것이 좋겠다. (…) 나라에 따라 치아를 검은색, 적색, 청색 등으로 칠하는데, 말레이제도에 사는 사람들은 흰 치아를 '개 이빨' 같다고 여겨 부끄럽게 생각한다. (…) 나일강 상류의 원주민들은 앞니 네 개를 부러뜨리면서 짐승처럼 보이지 않으려고 그런다고 말한다. 좀 더 남쪽에 사는 바코타족은 위쪽 앞니 두 개만 부러뜨린다. 리빙스턴 David Livingstone이 말하듯이, 이렇게 하면 아래턱이 튀어나와서 얼굴이 흉측해 보인다. 하지만 이 사람들은 앞니가 있는 것이 가장 보기 흉하다고 생각하며, 유럽인을 몇 명 보자마자 이렇게 소리를 질렀다. "저 거대한 이빨을 보라!" 세비투 아니라는 추장이 이런 풍습을 바꾸려고 했지만 허사였다. 아프리카 여러 지역과 말레이제도에 사는 원주민은 앞니를 줄로 갈아 톱니처럼 만들거나, 앞니에 구멍을 뚫어 장식용 못을 끼우기도 한다.

탁월한 관찰자인 헌Samuel Hearne은 아메리카 인디언들과 어울려 여러 해를 살았는데, 그는 인디언 여자에 대해 다음과 같이 말한다. "북부 지방의 인디언에게 아름다움이 무엇이냐고 물으면 넓적한 얼굴, 작은 눈, 튀어나온 광대뼈, 뺨에 새겨진 3~4개의 굵고 검은 선, 납작한 이마, 널따란 턱, 우리 눈에는 볼썽사나운 매부리코, 황갈색 피부, 그리고 허리띠까지 늘어진 유방 등이 아름다움의 상징이라고 대답할 것이다." 청나라 북부 지역을 방문했던 팔라스Peter Simon Pallas는 이렇게 말한다. "그곳에서는 넓적한 얼굴과 튀어나온 광대뼈, 두툼한 코, 커다란 귀의 만주 사람 유형의 여자들이 인기가 있다." 포크트Carl Vogt는 중국인과 일본인의 눈이 찢어져 있으며 사람의 얼굴을 그릴 때에도 찢어진 눈을 강조한다고 말한다. "아름다움을 나타내는 이런 눈은 머리털이

붉은 야만인의 눈과는 대비를 이룬다." 위크$^{Évariste Régis Huc}$가 여러 번 언급하듯이, 중국 내륙 지방 사람들은 피부가 희고 코가 큰 유럽인을 흉측하게 생각한다. 우리 생각에 실론섬 원주민의 코는 그렇게 크지 않다. 그러나 "몽고 인종의 납작한 모습에 익숙했던 7세기의 중국인들은 실론 사람의 큰 코를 보고 놀랐다고 한다. 현장玄奘은 실론 사람을 일컬어 '사람의 몸에 새의 부리가 달린' 종자들이라고 했다."

"아름다움이 인류의 결혼에 미치는 영향"이라는 소제목 아래 모아 놓은 자료에서 우리는 다윈이 그의 통찰에도 불구하고 여전히 분명히 빅토리아시대적인 관점에서 세계를 바라보고 있음을 곧바로 알게 된다(다윈이 '미개인'이라고 불렀을 법한 문화의 후손으로서 나는 그의 이런 무례를 용서하고 싶다). 하지만 다윈은 또한 아름다움에 관한 연구에서 특히 너그러운 결론에 다다른다.

모든 종류의 특징이 아름다움을 위해 지나치게 발달했다는 것은 분명하다. 그러므로 많은 형질이 특별한 방식으로 변형되었음을 의미하는 완벽한 미인은 모든 인종에서 그야말로 절세의 미인으로 인정될 것이다. 위대한 해부학자인 비샤$^{Xavier Bichat}$는 만약 모든 사람이 똑같은 틀에서 주조되어 나온다면 아름다움 같은 개념은 없어질 것이라고 오래 전에 말했다. 만약 모든 여자가 〈메디치의 비너스〉처럼 아름다워진다면, 우리는 잠시 동안 그 아름다움에 매료되겠지만, 곧 좀 더 다양한 매력을 원하게 될 것이다. 그리고 그런 다양한 매력이 나타나자마자 우리는 또 기존의 일반적인 기준을 뛰어넘는 다른 어떤 특정한 형질들을 보고 싶어 할 것이다.

따라서 다윈이 볼 때, 아름답다고 여겨지는 내 '미개인' 조상들과 유럽인들이 크게 차이가 난다는 것은 신체적 매력의 공통된 속성이란 존재하지 않음을 의미했다. "각 부족의 사람들은 자신들의 독특한 특성을 동경한다. 머리와 얼굴 모양, 튀어나온 광대뼈, 돌출된 코나 납작한 코, 피부색, 머리카락 길이, 털이 사라진 얼굴과 몸, 덥수룩한 턱수염 등이 모두 이런 특징이 될 수 있다." 다윈이 인간의 성징에 관한 장을 '과학적 정밀성'을 추구해야 한다는 말로 마무리했다는 것을 감안하면, 그의 글이 거의 한 세기 동안 신체적 아름다움에 관한 연구를 가라앉히는 효과를 발휘한 것은 다소 놀라울 것이다. 아름다움의 일반적 원리란 존재하지 않는다는 그의 주장은 더 많은 과학적 탐구를 자극하기는커녕 정반대의 효과를 미쳤다. 만약 보편적인 미의 진리가 존재하지 않는다면, 도대체 무엇을 연구해야 한단 말인가? 이 이야기에는 최종적인 아이러니가 존재한다. 19세기 말에 신체적 매력에 관한 연구가 다시 한번 맹위를 떨치게 되었을 때, 그것은 뚜렷하게 진화론적인 형태를 띠었다.

진화심리학이 광범위한 인기를 누리면서 '마음의 새로운 과학'을 제시한다고 주장한 점을 볼 때, 이 학문이 아름다움에 관한 우리의 경험에 관해 무언가 말을 해주어야 하는 것은 불가피하다. 하지만 애석하게도 한두 문단으로 심리학 장르 전체를 요약하는 것은 쉽지 않으며(여기서 우리는 신체적 매력에 관한 주요한 연구에서 크게 벗어나는 문제에는 별로 관심이 없다), 어느 한쪽 편을 드는 것처럼 보이지 않은 채 인간 행동에 관한 거대한 논쟁을 가로지르는 것도 불가능하다. 그럼에도 나는 인간의 아름다움의 비밀을 밝히기 위한 탐구에 통찰력을 주는 진화심리학의 일반적인 주장들을 몇 가지 선택한다. 하지만 그전에 한 가지 경고를 하고 싶다. 인간 행동에 관한 진화론적 연구는 광범위하기로 악명이 높으며, 엄격한 형태의 진화심리학과 좀 더 일반적인 변이를 구별하는 것이 여전히 가능하다. 또한 내가 젊은 학부생 시절에 '진화심리학자'로 교육을 받기 시작했지만 그후 좀 더 폭넓은 사촌 학문을 연구하기 위해 '진화심리학'을 피했다는 점을 밝혀야 하겠다. 이 과정을 통해 나는 오래된 망상에서 벗어나 논리적 추론으로 나아가려고 했었지만, 그 과정 자체에서 오류가 있었음을 의심하지 않는다. 그리고 아마 그 자신이 '진화심리학'의 가장 위대한 비판자일 수 있는 고故 스티븐 제이 굴드Stephen Jay Gould에게 빚을 졌다. 경이로운 책《마라케시의 가짜 화석The Lying Stones of Marrakech》에서 이 점을 분명히 보여 준 그에게 감사한다.

'진화심리학'의 기본만 읽어도 현대 인간 행동의 뿌리가 후기 구석기시대(4만 5000~1만 년 전.―옮긴이)나 홍적세(180만 년 전에서 1만 년 전에 이르는 시기)에 우리 조상들이 맞닥뜨린 삶의 조건에 대한 적응으로만 이해할 수 있음을 곧바로 알 수 있다. '진화심리학'의 주장에 따르면 최근의 역사는 너무 짧아서 인간 행동을 결정하는 여러 과정에 유의미한 변화를 낳지 못했으며, 따라서 오늘날 우리가 왜 이렇게 행동하는지를 설명하려면 인류가 우리의 독특한 '정신적 구조물'을 발전시킨 기나긴 시기에 의존해야 한다. 더 나아가 인간 행동을 이해하는 길은 인간 유기체의 필요를 충족시키도록 진화에 의해 조정된 구조물인 뇌의 구조를 이해하는 것이라고 여긴다. 하지만 뇌는 가장 기본적인 수준에서 뇌의 발달을 인도하는 유전자, 또는 유전적 프로그램을 검토함으로써 이해할 수 있다고 말한다. 이제 이 점에 비춰 볼 때, 현대 인류는 종종 부적응 행동을 할 수 있다. 홍적세에 만들어진 우리의 정신은 농업과 산업의 생활방식에 최적으로 반응하게 설계되어 있지 않기 때문이다. 일부 '진화심리학자'들이 말하는 것처럼, 우리는 "추월 차선에 있는 석기시대 사람들"이다.

이 주장에서 한 가지 결정적인 전제는 인간의 조건은 자신의 복제본을 재생산하려는 우리 유전자의 '충동'에 의존하는 것으로 보아야 한다는 것이다. 개인은 덧없는 존재다. 우리의 수명이 얼마나 길든 간에 우리는 결국 죽게 마련이다. 반면 유전자는 시간의 흐름 속에서 지속되면서 연속성을 제공하는 존재다. 리처드 도킨스Richard Dawkins가《이기적 유전자The Selfish Gene》(1976)에서 말하는 것도 바로 이 점이다.

세계 속의 개별적 생존 기계인 우리는 몇 십 년 더 산다고 기대할 수 있다. 하지만 세계 속의 유전자는 수십 년이 아니라 수천 년, 수백만 년 단위로 측정해야 하는 기대수명을 갖는다. (⋯) 우리는 우리의 목적을 충족하면 버려진다. 하지만 유전자는 지질학적 시간을 사는 존재다. 유전자는 영원하다.

따라서 우리 행동 가운데 몇몇 측면은 세계를 보는 유전자의 눈으로 바라볼 때, 그리고 진화 과정은 실제로 자신이 속한 신체의 생존과 성공적 번식을 증진하려고 시도하는 유전자로 이루어진다는 것을 인식할 때 가장 잘 이해할 수 있다. 도킨스의 용어로 표현하면, "우리는 생존 기계—유전자라고 알려진 이기적인 분자들을 보전하도록 맹목적으로 프로그램된 로봇 차량—다." 도킨스가 말하는 요점은 유전자가 소망이나 욕망을 갖는다는 것이 아니라 한 유기체 안에서 후속 세대에 유전자의 전파를 증진하고자 기능적 변화를 야기하는 어떤 유전자든 그 종의 개체수를 늘린다는 것이다. 설령 그 유전자가 때로 한 개체의 안녕에는 부정적인 영향을 미치더라도 말이다.

다소 장황하게 옆길로 새긴 했지만, 이제 우리는 '진화심리학'이 신체적 아름다움에 관한 우리의 연구에 무엇을 제공해야 하는지를 알 수 있는 위치에 서 있다. '진화심리학자'들이 아름다움에 대한 집착이 어떻게 인간 생존에 기여하고, 따라서 정신의 기본적 역량으로 자리를 잡을 수 있게 되었는지를 생각하기란 어려운 일이 아니었다. 생물학자 아모츠 자하비Amotz Zahavi를 비롯한 이들이 다윈이 원래 지녔던 사고를 상당히 수정한, 성선택의 '좋은 유전자' 이론을 생각해 보라. 이 관점에서 보면, 짝짓기의 성선택은 생존력(생존 가능성)과 생식력(번식이 이루어질 가능성)의 다양한 '지표'에 의해 이루어진다. 인지할 수 있는 거의 모든 신체나 행동의 특성은 나이나 건강, 영양 상태, 사회적 지위, 질병 내성 등을 보여주는 지표로 기능할 수 있다. 요컨대, 이런 지표들은 후손에게 전달될 수 있는 유전적 특성을 드러낸다. 그리하여 '좋은 유전자'가 선택된다. 따라서 한 개체는 '좋은 유전자'의 지표들을 보유한 짝을 선택함으로써 건강한 후손 안에서 자신의 유전적 생존을 확보할 확률이 높아진다. 다윈이 선호한 다소 진부한 사례를 들자면, 열등한 꼬리를 가진 공작은 포식자에게 잡아먹힐 확률이 더 높으며, 따라서 꼬리의 질은 포식자 회피 능력과 상관관계가 있는 어떤 기본적인 특성을 반영한다. 이 특성은 후손이 물려받을 수 있다. 그리하여 암컷 공작은 꼬리의 질을 놓고 수컷을 선택하며, 수컷은 크고 건강한 꼬리를 과시하게 마련이다.

언뜻 보면, 생존력과 생식력이라는 지표를 인간에게서 발견할 수 있을 것 같지 않다. 어쨌든 일부 비인간 종들이 가진 장식물(공작의 정교한 꼬리 같은)과 다윈이《인간의 유래와 성선택》에서 수집한 '미개인'의 장식물은 크게 차이가 있다. 하지만 우리는 이런 논의를 인간 신체의 매력에 어떻게 적용할 수 있는지를 보여주는 사례를 이미 접한 바 있다. 앞 장에서 살펴본 신체 대칭에 관한 마틴 토비의 연구를 생각해 보라. 이 연구의 중

심적인 주장은 발달 과정에서 질병이나 독소, 기생충 같은 몇
몇 스트레스에 노출되면 유기체가 정상적으로 발달하지 못하
기 때문에 양쪽의 대칭에서 약간의 편차('변동하는 비대칭'이라고
알려진 현상)가 생긴다는 것이다. 이때 대칭은 유기체가 환경적
역효과에 노출되는 정도와 그것에 저항하는 능력을 보여준다.
따라서 예를 들어 인간에 관한 연구를 보면, 변동하는 비대칭
이 건강 위험성 증가와 관련된 반면 더 대칭적인 개인은 자녀
를 더 많이 낳고 질병에 적게 걸린다는 사실을 알 수 있다. 대
칭적인 짝(좀 더 정확히 말하면 변동하는 비대칭이 적은 짝)을 매력적
으로 인식하고 선택하면 후손이 튼튼하고 많아져서 대칭이 유
전되는 정도까지 이른다.

　하지만 앞서 살펴본 것처럼, 신체의 대칭은 신체적 아름다
움을 예측하는 변수로는 약해 보인다. 그 효과는 관찰자가 대
칭적 형태와 비대칭적 형태 중 하나를 선택해야 할 때에만 식
별 가능하다. 1990년대 초, 텍사스대학교 오스틴의 '진화심리
학자' 데벤드라 싱Devendra Singh은 다른 신체적 특징이 신체적 아
름다움의 비밀이라고 제안했다. 그는 허리-엉덩이 비율waist-to-
hip ratio, WHR이 매력을 판단하는 데 신뢰할 만한 방식으로 영향
을 미치며, 이 비율은 건강과 생식력의 지표이기 때문에 우리
가 어떤 사람을 아름답다고 여기는 것은 잠재적인 짝으로서의

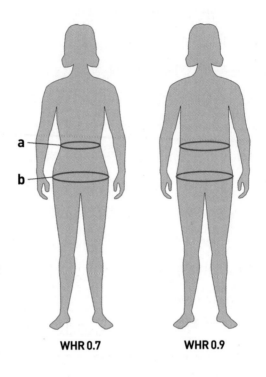

WHR 0.7   WHR 0.9

가치 때문이라는 '진화심리학'의 가정을 강화해 준다고 주장했다. 그렇다면 우리가 〈밀로의 비너스〉를 매력적이라고 여기는 것은 이 조각상의 특별한 허리-엉덩이 비율 때문이다.

전체적인 몸무게는 인간이 사춘기에 접어들면서 생겨나는 가장 눈에 띄는 변화이지만, 이 변화는 지방 축적의 실제 분포 (남녀가 다르다)를 고려하지 않는다. 그 대신 싱은 1990년대 초에 발표한 일련의 논문에서 신체의 다양한 부위에서 지방(정확한 용어로는 지방 조직)을 축적하고 사용하는 것은 성호르몬이 조절한다고 주장했다. 의학계에서는 널리 인정받았지만 다른 분야에서는 무시되는 주장이었다. 에스트로겐은 복부에 지방 조직이 축적되는 것을 억제하고, 인체의 다른 어떤 부위보다도 엉덩이와 허벅지 부위의 지방 축적을 최대한 자극한다. 반면 테스토스테론은 복부의 지방 축적을 자극하고, 엉덩이와 허벅지의 축적을 억제한다.

사춘기 이후 여성과 남성에게서 눈에 띄게 되는 전형적인 몸 형태를 주로 만들어 내는 것은 바로 이와 같은 신체 지방 분포상의 성별 차이다. 사춘기 이전의 몸 형태는 남성과 여성이 어느 정도 비슷하다. 하지만 사춘기 이후에 여성은 하체에 지방 조직이 더 많아지는(이른바 '여성형(서양배형)' 지방 분포가 생겨나는) 반면, 남성은 상체에 지방이 더 많아진다(이른바 '남성형(사과형)' 지방 분포). 의학 전문가들은 대개 허리와 엉덩이의 비율을 측정하는 식으로 이런 성별 차이를 수량화한다. 허리(갈비뼈 아래, 장골릉 위에서 가장 좁은 부위) 둘레를 엉덩이(둔부에서 가장 돌출한 지점) 둘레로 나눈 값이다(따라서 허리-엉덩이 비율 수치가 낮을수록 허리가 상대적으로 잘록한 이른바 콜라병 몸매가 된다.—옮긴이). 그리고 여성형과 남성형 지방 분포의 차이는 인간에게서 뚜렷한 성별 차이다. 건강한 폐경기 이전(하지만 전형적인 백인) 여성의 경우에 허리-엉덩이 비율은 0.67~0.80이다. 건강한 (백인) 남성은 이 수치가 0.85~0.95다. 그리고 여성은 성인기 내내 남성보다 낮은 허리-엉덩이 비율을 유지하지만, 폐경 이후에는 이 비율이 남성의 범위에 접근한다. 에스트로겐 수치가 낮아지기 때문이다.

허리-엉덩이 비율이 성호르몬에 의해 변형되는 것은 의문의 여지가 없어 보인다. 어떤 이유로든(아마 다낭성 난소 증후군을 겪는 여성의 경우처럼 질병의 결과로) 에스트로겐 수치가 낮은 여성은 허리-엉덩이 비율이 에스트로겐 수치가 정상인 여성보다 더 높다. 또는 에스트로겐 수치가 낮은 여성에게 에스트로겐 복합체를 투여하면, 시간이 흐르면서 허리-엉덩이 비율이 낮아진다. 거꾸로 내분비 불균형과 관련된 질환을 겪는 남성이나 테스토스테론에 의존하는 전립선암 때문에 에스트로겐 치료를 받는 남성은 여성형 지방 분포가 발달해서 정상 체중의 여성에 전형적인 정도로 허리-엉덩이 비율이 낮아진다.

의학과 의료 전문가들은 얼마 전부터 다양한 질병의 위험이 개인의 비만 정도만이 아니라 지방 조직의 위치에도 좌우된다는 사실을 알아냈다. 싱이 심리학자들에게 관심을 환기시킨 사실이다. 좀 더 간결하게 말하자면, 허리-엉덩이 비율은 심혈관 질환과 일정한 유형의 암을 포함한 여러 주요 신체적 질병과 관련이 있다. 하지만 이보다 허리-엉덩이 비율은 또한 여성의 생식 지위—자녀를 낳는 능력—에 영향을 미치는 여러 상태의 신호를 알려준다. 예를 들어 임신에 성공할 확률은 허리-엉덩이 비율에 영향을 받는다. 인공 수정 프로그램에 참여하는 여성이 허리-엉덩이 비율이 높으면 임신 확률이 떨어진다. 게다가 허리-엉덩이 비율이 높은 여성은 낮은 기혼 여성에 비해 임신에 어려움을 겪는다(아마 태아 발달과 관련된 문제들 때문일 테지만, 정확한 이유는 아직 불분명하다). 이런 풍부한 증거를 앞에 두고 싱은 다음과 같이 요약할 수 있었다.

> (허리-엉덩이 비율은) 주요 질병의 위험성에서 추론되는 여성의 생식 지위(사춘기나 폐경기 이전 또는 이후)와 생식 역량, 그리고 어느 정도의 건강 지위를 믿을 만하게 알려준다.

그리하여 우리는 싱으로 하여금 허리-엉덩이 비율에 관해 연구하게 만든 중심적인 추정에 다다른다. "만약 진화에 근거한 이론들이 가정하는 대로 건강과 생식 역량의 특성들이 짝 선택에서 결정적으로 중요하다면, 남성은 여성에게서 이런 특징을 탐지하는 방법을 의식적 또는 무의식적으로 갖춰야 하며, 여성의 매력을 평가하는 데서 다른 신체적 특징보다 이 특징을 더욱 중요하게 여겨야 한다." 더 열정적인 독자라면 이 시점에서 틀림없이 우리가 언뜻 명백해 보이는 결론에 도달하기 위해 상당히 많은 글을 가로질렀다는 사실을 언급할 것이다. 여성이 매력적인 것은 곡선미 때문이라는 결론 말이다(언뜻 익숙하기는 하지만, 호가스의 뱀처럼 구불구불한 선과 혼동하면 안 된다). 그리고 공평하게 말하자면, 허리-엉덩이 비율이 신체적 외모에 심대한 영향을 미칠 수 있다는 점은 이미 한동안 알려져 있었다. 엘리너 킹 Eleanore King 은 《당신 자신을 찬미하라Glorify Yourself》(1948)에서 여성들에게 (무엇보다도) "당신의 외모를 향상하는" 법을 가르쳤다.

> 이상적 몸매에서는 가슴의 가장 큰 부분이 엉덩이의 가장 큰 부분과 같아야 하고, 허리는 가슴과 엉덩이보다 10인치(약 25센티미터) 작아야 한다. 만약 가슴둘레가 35라면 엉덩이는 35, 허리는 25여야 한다. 안팎으로 2인치 정도 차이가 나도 좋은 몸매가 된다(이때 허리-엉덩이 비율은 0.71 정도다).

하지만 싱의 독창성은 허리-엉덩이 비율을 인간(더 구체적으로는 남성)의 진화사와 연결한 데서 나온다. 홍적세에 '짝의 가치'를 확인하는 문제를 극복하기 위해 우리 남성 조상들은 허리-엉덩이 비율에 담긴 정보를 탐지하고 활용해서 여성의 매력을 결정하는 '인지 방식'을 발전시켰다고 싱은 주장한다. 현대 남성들은 홍적세 남성의 후손이기 때문에 허리-엉덩이 비율 수치만 조작함으로써 여성의 매력에 대한 그들의 평가를 바꿀 수 있어야 한다. 싱은 바로 이 작업에 착수했다.

우선 싱은 모든 증거가 0.70(또는 그 근사치)의 허리-엉덩이 비율이 건강 및 생식력과 가장 효과적으로 연결된다는 것을 가리킨다고 말한다. 계속해서 그는 매릴린 먼로와 〈밀로의 비너스〉 같은 여성적 미의 다양한 아이콘들은 모두 0.70이라는 최적점에 거의 근접하는 측정치를 보인다고 언급한다. 싱은 계속해서 1923년부터 1990년까지 미스아메리카 대회 수상자와 《플레이보이》 누드모델의 측정치를 수집한 뒤, 시간이 흐르면서 몸무게는 감소했지만 허리-엉덩이 비율은 0.68~0.72라는 좁은 범위를 벗어나지 않았다는 증거를 제시했다. 하지만 이 자체로는 대단한 발견은 아닐 것이다. 적어도 오늘날에도 제대로 된 과학으로 인정받기 위해 끊임없이 노력하는 체계적인 심리학자들에게는 말이다.

그리하여 호가스의 원본을 떠올리게 하는 몇몇 논문에서 싱은 여성의 몸매를 그린 2차원 선그림 12개를 한 묶음으로 제시한다. 전체 몸무게(저체중, 평균 체중, 과체중 세 분류가 존재한다)와 허리-엉덩이 비율(각 몸무게 분류 안에 허리 사이즈에 따라 달라지는 네 가지 수준의 허리-엉덩이 비율이 존재한다)이 각기 다른 몸매다. 싱은 이 선그림을 활용해서 다양한 관찰자들의 신체적 매력 선호를 테스트했다. 아니나 다를까, 평균 체중에 여성형 허리-엉덩이 비율(대체로 0.70 내외)을 가진 선그림이 가장 매력적이라고 평가받는다는 사실을 발견했다. 이것이 특별히 미국적인 현상이라고 생각하지 않도록, 심리학자들은 싱이 그린 선그림을 이용하여 유럽과 오스트레일리아에서도 실험을 반복했다. 증거에 만족한 싱은 다음과 같이 선언했다.

지금까지의 연구 결과에 따르면, 몸의 지방과 그 분포가 여성의 매력, 건강, 젊음, 생식 잠재력을 평가하는 데에서 결정적인 역할을 한다. 이 모든 특성은 정상적인 체중과 낮은 허리-엉덩이 비율을 가진 여성 몸매와 관련된다. 체중이나 허리-엉덩이 비율 어느 하나만 여성의 매력과 관련되지 않는다. 아주 매력적인 여자는 허리-엉덩이 비율이 낮아야 하지만, 정상 체중보다 적거나 많으면 매력과 건강하다는 인식이 줄어든다.

하지만 싱은 자신의 주장을 지나치게 일반화하지 않는다. 그는 허리-엉덩이 비율이 남성이 여성의 신체적 매력을 평가하는 유일한 신체적 특징이라고 주장하지 않는다. 하지만 이것은 여성적 아름다움의 가장 중요한 특성이다. 이 '필터'를 통과한 뒤에야 얼굴이나 피부, 몸무게 같은 다른 특징이 매력을 평가하는 데 활용된다. 게다가 나는 싱의 이후 연구가 대체로 높고 낮은 허리-엉덩이 비율의 비교를 틀로 삼았지만, 그렇다고해서 '진화심리학자'들이 0.70의 허리-엉덩이 비율에 대한 특정한 선호를 치켜세우는 것을 막지는 못했다는 점을 언급하고싶다. 오늘날 '진화심리학'에 관한 책은 예외 없이 싱의 연구를 '진화심리학적' 추론의 위대한 모범으로 언급한다.

1920년대부터 80년대까지의 미스아메리카와 1955~1965
년, 1976~1990년의 《플레이보이》를 살펴본 싱은 미스아메리카의 허리-엉덩이 비율이 0.72~0.69 사이에서만 변동하며, 《플레이보이》 모델들은 0.71~0.68을 벗어나지 않는다는것을 발견했다(낸시 에트코프Nancy Etcoff의 《미: 가장 예쁜 유전자만 살아남는다Survival of the Prettiest: The Science of Beauty》에서 인용).

싱이 진행한 수십 개의 연구에서 남자들은 허리-엉덩이
비율과 전체 지방 양이 각기 다른 여성 몸매의 매력에 등급을 매겼다. (…) 전체 지방 양과 상관없이 (…) 남자들은 허리-엉덩이 비율이 낮은 여성을 가장 매력적으로 여긴다. 허리-엉덩이 비율이 0.7인 여성이 허리-엉덩이 비율이 0.8인 여성보다 더 매력적으로 보이고, 또한 0.8인 여성이 0.9인 여성보다 더 매력적으로 보인다. (…) 마지막으로, 지난 30년간의 미국 미인대회 수상자와《플레이보이》누드모델에 대한 싱의 분석은 이런 단서가 불변함을 확인해 주었다. 누드모델과 미인대회 수상자 모두 그 시기 내내 약간 마른 몸매로 바뀌었지만, 허리-엉덩이 비율은 0.70으로 정확히 똑같았다. (Buss, *Evolutionary Psychology: The New Science of the Mind* (1999).) (데이비드 버스David Buss와 더그 켄릭Doug Kenrick이《사회심리학 입문The Handbook of Social Psychology》에 쓴 '진화심리학' 리뷰에도 사실상 똑같은 문장이 나온다.)

하지만 나는 경제학자 테리 번햄Terry Burnham과 생물학자 제이 펠런Jay Phelan(2000)의 이런 선언에 가장 고민에 빠졌다. 이 절에 안성맞춤으로 어울리는 결론처럼 보이는 구절이다. "무의식적이긴 하지만, 그 0.7에는 유전자만이 사랑할 수 있는 무언가가 있다."

제1차 세계대전 직전, 러시아 지배계급이 격변에서 회복했으나 1917년의 거대한 사회정치적·경제적 실험으로 휘말릴 운명이던 순간에 이고르 스트라빈스키Igor Stravinsky는 발레뤼스Ballets Russes를 위해 〈봄의 제전〉(영어 제목 'The Rite of Spring'은 러시아어에 담긴 함의를 대부분 놓친다)을 작곡했다. 거친 이교도 같은 봄의 본성을 묘사하는 숨 막히는 에피소드가 이어지는 작품이었다. 원래 인신공희를 묘사하는 바츨라프 니진스키Vaslav Nijinsky의 발레 안무에 맞춰 작곡된 스트라빈스키의 걸작이 1913년 5월 파리 샹젤리제 극장에서 초연되자 폭동에 가까운 반응이 일었다. 1년도 되지 않아 발레뤼스는 파블로 피카소에게 매혹적인 세트와 의상을 디자인해 달라고 의뢰하면서 다시 논란을 자초했다. 당시 피카소는 회화를 구성하는 수단으로 전통적인 원근법을 거부함으로써 소동을 일으키기 시작하던 참이었다.

이런 상황은 당시 '모더니즘'이라고 지칭된 현상에 새로운 의미를 부여하기 시작했다. 전통적인 미술·문학·사회 조직의 형태가 이제 낡았으며, 그것들을 쓸어버리고 문화를 재발명하는 것이 중요하다는 예술 이념이었다. 19세기의 '진보파'—레프 톨스토이Lev Tolstoy 같은 작가와 요하네스 브람스Johannes Brahms 같은 음악가—가 여전히 사회에 추가되는 예술을 생산하는 사회의 소중한 성원들이었던 반면(이따금 그들은 사회의 바람직하지 못한 면을 비판하기는 했다), 새로운 '모더니스트'들은 계몽하기보다는 전복하는 혁명가로 다르게 선보였다. 예술 스타일의 이 단계에서 건축도 예외가 아니었다. 비례에 관한 앞서의 논의에서 이미 만난 르코르뷔지에는 새로운 기술들 때문에 낡은 건축 스타일이 진부해졌다고 믿었다. 그보다 그는 건축물은 "사람이 들어가 사는 기계"로 기능해야 한다고 믿었다. 자동차를 안에 타고 돌아다니는 기계로 본 것과 비슷한 시각이었다. 자동차가 말과 마차를 대체한 것처럼, 모더니즘 설계는 고대 그리스로부터 물려받은 낡은 스타일과 구조를 거부해야 했다.

영국에서 손꼽히게 유명한 모더니스트는 고 데니스 라스던 Denis Lasdun이었다. 다른 모더니즘 건축가들과 마찬가지로 라스던 도 르코르뷔지에에게 많은 영향을 받았지만, 그의 작품에서는 영국 바로크(특히 18세기 초의 니컬러스 혹스무어Nicholas Hawksmoor의 작품)의 고전적 메아리를 찾을 수도 있다. 라스던의 설계—런던 사우스뱅크에 있는 로열내셔널시어터가 아마 가장 유명할 것이다—는 '도시의 풍경'으로 건축물을 창조한다는 발상을 떠올렸다. 수많은 인공적인 언덕이나 계곡처럼 서로 맞물리는 공간과 높이로부터 형성된 풍경이었다. 별로 유명하지 않은 라스던의 설계 하나는 블룸스베리에 있는 화려한 교육연구소 건물이 있다. 유니버시티칼리지런던UCL의 심리학과가 이 건물을 사용하고 있다. 내가 루브르를 방문하고 얼마 뒤인 2001년 말, 이

대학의 심리학과 학부생이던 나는 싱의 연구를 우연히 접했다. 그 경험을 계기로 허리-엉덩이 비율에서 우리가 아름다움의 비밀을 발견했는지를 알아보는 기나긴 여정에 나서게 되었다.

허리-엉덩이 비율을 인간의 아름다움의 비밀로 탐구하기 시작할 때 가장 곧바로 인상적인 점은 싱의 견해에 대한 비판과 논평이 널리 퍼져 있는데도 '진화심리학' 문헌에서는 거의 언급되지 않는다는 사실이다. 최초의 비판은 1998년으로 거슬러 올라간다.《플레이보이》누드모델과 미스아메리카 수상자의 허리-엉덩이 비율에서 두드러진 일관성을 보여주고자 한 싱의 연구에서 시작해 보자. (당혹스러울 수 있겠지만, '진화심리학자'들이 하는 말을 그대로 받아들여《플레이보이》누드모델과 미스아메리카 수상자가 선별된 집단의 이상화된 아름다움을 대표하는 것이 아니라 숭배되는 미의 기준의 대표적 아이콘이라고 가정해 보자.) 2002년 사회학자 제러미 프리즈Jeremy Freese와 셰리 멜런드Sheri Meland는 미인대회 수상자와 《플레이보이》누드모델에 관한 최신 데이터를 독자적으로 다시 모았다. 싱은 미인대회 수상자들의 0.5인치 측정치를 반올림한 자료를 사용한 것으로 보인다. 프리즈와 멜런드가 집계한 데이터에는 또한 누락된 1966~1975년의《플레이보이》누드모델의 측정치가 포함되었다. 두 사람의 데이터는《플레이보이》

누드모델과 미스아메리카 수상자가 전부 좁은 범위의 허리-엉덩이 비율에 해당한다는 주장이 완전히 착오였음을 분명히 보여준다.

> 허리-엉덩이 비율 값의 실제 범위는 싱의 주장보다 훨씬 넓을 뿐만 아니라 (…) 싱이 보고한 좁은 범위는 어느 쪽 표본의 구성원 대부분도 아우르지 못한다. 미스아메리카 표본의 경우에 수상자들의 허리-엉덩이 비율은 0.61(1963년 수상자 메이어)부터 0.78(1921년 수상자 고먼)까지였다. 수상자 59명 가운데 9명만이 허리-엉덩이 비율이 0.69에서 0.72 사이였다.

《플레이보이》 누드모델 표본은 전체적인 범위가 훨씬 넓다. 허리-엉덩이 비율이 전체 범위 0.53~0.78 중에서 0.68~0.71에 해당하는 여성은 3분의 1 정도에 불과하다. 게다가 프리즈와 멜런드는 미인대회 수상자와 누드모델의 허리-엉덩이 비율이 시간이 흐르면서 바뀌었음을 보여주었다. 20세기 초부터 중반까지 선호하는 수치가 줄어들다가 20세기 중반부터 후반까지는 높아졌다는 것이다. 버스의 《진화심리학》을 읽은 사람이라면 누드모델과 미인대회 수상자의 허리-엉덩이 비율 평균

값이 0.70이라고 믿는다는 이유로 비난받을 일이 없을 것이다. 실제로 프리즈와 멜런드는 미스아메리카 수상자와 《플레이보이》 누드모델의 실제 평균값이 0.677임을 보여준다. 물론 0.70과 0.677의 차이는 상당히 작지만, 프리즈와 멜런드에 따르면 허리-엉덩이 비율에 관한 '진화심리학' 저술들은 "허리-엉덩이 비율의 차이의 정도를 사실상 어떻게 간주해야 하는지"에 관해 많은 인식을 주지 않는다. "미인의 아이콘들의 허리-엉덩이 비율이 (…) 0.70 전후에 집중되는 것으로 보인다는, 그리고 진화된 허리-엉덩이 비율 선호가 0.70의 최적치로 맞춰져 있다는 거듭되는 주장에도 불구하고, 크지 않은 규모의 표본에서 나타나는 상당한 차이는 대단히 중대한 수준으로 보일 것이다."

《플레이보이》 누드모델과 미스아메리카 수상자의 허리-엉덩이 비율이 전부 0.70이라는 '황금수'에 집중되어 있다는 주장에 관해서는 이쯤 다루기로 하자. 이제 싱의 선그림 사용과 관련된 다른 문제로 관심을 돌려 보자. 허리-엉덩이 비율 가설에 대한 초창기의 비판 중 하나에서 심리학자 루이스 태시너리Louis Tassinary와 크리스티 핸슨Kristi Hansen은 싱이 사용한 그림이 '생태학적 타당성'이 부족하다고 주장했다. 이 그림들은 보통 빈약하고 비현실적이었으며, 하나의 원본 이미지에만 의존해 그것을 수정해서 사용했다. 태시너리와 핸슨은 몸무게와 허리 사이즈, 엉덩이 사이즈가 각기 다른 일련의 선그림을 적절하게 디자인했다. 새로운 일련의 이미지를 가지고 두 사람은 전체 몸무게가 허리-엉덩이 비율보다 매력 등급을 매기는 데에서 더 중요한 요인임을 발견했다. 몸무게가 가볍거나 적당한 몸매가 몸무게가 많이 나가는 몸매보다 더 매력적이라고 평가받았다. 허리-엉덩이 비율은 "상대적인 매력을 예측하는 데에서 그다지 중요하지 않음"을 입증하는 결과였다. "이런 양상의 결과는 (…) 허리-엉덩이 비율 가설이 틀렸음을 뚜렷하고 분명하게 확인해준다." 두 사람은 매력에 관한 다른 수치 공식들과 마찬가지로, 허리-엉덩이 비율 개념에 대해서도 다음과 같이 예상했다.

이 가설은 결국 직관적으로 대단히 호소력이 있지만 미적 판단에 관해서는 설명이나 예측의 유효성이 크게 제한되는 무의미한 숫자로 이해될 것이다.

이런 비판에 자극을 받은 듯, '진화심리학자'들은 싱의 앞선 연구 결과를 재현하려는 연구를 엄청나게 쏟아냈다. 예컨대 시빌 스트리터Sybil Streeter와 도널드 맥버니Donald McBurney는 데이터에서 몸무게의 영향을 통계적으로 제거했으며, 이 과정에서 허리-엉덩이 비율이 높은 여성보다 낮은 여성이 더 매력적으로 평가받는다는 사실을 발견했다. 더 흥미로운 연구는 독일 심리학자 로날트 헨스Ronald Henss가 설계한 것으로, 그는 선그림 사용에 '생태학적 타당성' 문제가 존재한다는 데 동의했다. 그리하여 그는 각기 다른 여성의 전면 사진의 허리-엉덩이 비율을 컴퓨터로 변경해 연구를 설계했다. 각 사진마다 '몰핑' 기술을 사용해서 허리-엉덩이 비율이 다른 두 버전을 만들어 냈다(한 사진에서는 허리를 조여서 허리-엉덩이 비율을 낮추고, 다른 사진에서는 허리를 늘려서 허리-엉덩이 비율을 높였다). 이 새로운 사진 묶음을 이용해 헨스는 허리-엉덩이 비율이 낮은 여성이 허리-엉덩이 비율이 높은 여성보다 더 매력적이라는 견해를 뒷받침했다.

여기서 강조점이 약간 바뀐 것을 주목하자. 이제 어떤 특정한 허리-엉덩이 비율에 대한 선호를 예측할 수 있다는 언급이 없다. 그 대신 '낮은' 허리-엉덩이 비율이 '높은' 허리-엉덩이 비율보다 더 매력적이라는 점이 분명히 강조된다. 하지만 또한 최근의 대다수 연구에서 허리-엉덩이 비율의 효과는 몸무게의 효과를 통계적으로 통제할 때에만 두드러진다는 점도 주목하자. 또는 다르게 말하자면, 허리-엉덩이 비율은 몸무게의 효과를 제거할 때에만 선호를 예측할 수 있다. 논의를 진전시키기 전에 마지막으로 기록해 두어야 할 한 가지 논점이 있다. 허리-엉덩이 비율에 관한 '진화심리학' 연구는 대체로 0.70 이하의 비율을 사용하지 않으며, 따라서 남성이 훨씬 낮은 허리-엉덩이 비율을 선호하면서도 앞에 놓인 선택지 때문에 제약될 수도 있다. 뉴질랜드 오클랜드대학교의 메건 히니Megan Heaney와 러셀 그레이Russell Gray는 이런 가능성을 탐구하기 위해 싱의 원본에 근거한 선그림을 가지고 연구를 설계하면서 허리-엉덩이 비율이 무려 0.50까지 낮은 몸매가 포함되도록 허리 사이즈를 조작했다. 실험 참가자들이 압도적으로 선호한 것은 평균 몸무게에 해당하면서도 허리-엉덩이 비율이 0.50인 몸매였다(그다음으로 높은 점수를 받은 비율은 평균 몸무게의 0.60이었다).

이 연구들에 근거해 남성은 허리-엉덩이 비율이 낮은 여성, 때로는 심지어 0.50이나 0.60까지도 매력적으로 여긴다고 결론지을 수도 있다. 하지만 만약 그렇다면, '진화심리학'의 설명은 분명 부적절하다. 싱은 가장 건강하고 생식력이 높은 허리-엉덩이 비율은 0.70이라고 분명히 보여주었기 때문이다. 그렇다면 이런 선호를 어떻게 설명해야 할까? 그레이와 동료들은 어떤 진화 메커니즘에도 의지하지 않은 채 생물학적 설명을 제안한 바 있다. 관찰자들에게 매력적인 허리-엉덩이 비율을 고르라고 하면 과장된 몸매(때로 '초정상' 자극"supernormal" stimuli이라고 한다)에 대한 반응을 강화하는 일반적인 심리적 메커니즘을 건드릴 뿐이다. 초정상 자극에 반응성이 강화되는 현상은 다양한 비인간 종에서도 기록된 바 있다. 니콜라스 틴베르헌^{Nikolaas} Tinbergen이 대중화한 사례를 들면, 재갈매기 새끼는 부모의 머리와 부리를 정확히 3차원으로 구현한 모형보다 빨간 뜨개바늘에 흰 끈을 세 개 붙여 만든 인공적 모형을 더 좋아한다. 그러므로 극단적으로 낮은 허리-엉덩이 비율에 대한 선호는 초정상 자극에 대한 이런 일반적인 심리 반응 때문에 생겨나는 현상일 것이다. 허리-엉덩이 비율이 남성과 여성의 성적 차이를 나타내는 신호라면, 이 차이를 과장함으로써 더 강한 선호를 유도할 수 있다(일반적인 메커니즘이 같은 결과를 낳는다면, 특별히 진화된 허리-엉덩이 비율 선택 메커니즘이 전혀 필요하지 않다). 이 점에 관해서는 간략하게 더 이야기할 것이다.

바르셀로나 람블라 델 마르를 따라 걷다가 팔로마르 씨가 생각난 건 아마 검푸른 바다 밑으로 저물며 반짝이는 태양 때문이었을 것이다. 이탈로 칼비노^{Italo Calvino}가 소설의 제목으로 삼은 절묘하게 아름다운 인물이다. 어쨌든 그 시간은 팔로마르 씨가 저녁 수영을 하는 때였다. 지금 팔로마르 씨가 인적 드문 해변을 따라 걷다가 가슴을 드러낸 채 모래 위에 누워 있는 젊은 여자를 마주친다.

그는 이런 상황에서 낯선 남자가 다가오면 여자들이 황급하게 몸을 가린다는 걸 아는데, 그가 볼 때 이것은 올바른 행동이 아니다. 평온하게 일광욕을 즐기는 여자에게는 성가신 일이고, 지나가는 남자는 자신이 훼방꾼이라고 느끼며, 누드에 대한 터부가 암묵적으로 확인되기 때문이다. 또한 어중간하게 존중되는 관습은 자유와 솔직함보다는 불안과 모순된 행동을 퍼뜨리기 때문이다. 그리하여 멀찍이 벌거벗은 여자 상반신의 청동핑크빛 그림자의 윤곽이 눈에 들어오자마자 그는 재빨리 고개를 돌려 시선의 궤적을 허공에 둔 채 사람들을 둘러싸는 보이지 않는 경계를 존중하는 시민적 태도를 취한다.

팔로마르 씨는 먼 데를 볼지 모르지만, 여성의 젖가슴은 여성의 아름다움이라는 개념을 정의하는 데에서 일정한 역할을 하는 주제로서 많은 고찰을 낳았다. 1981년, 존 캔트John Cant는 남성이 젖가슴을 매력적으로 여기는 것은 젖가슴이 지방을 비축하고 있다는 신호이고, 이는 어려운 시기에 살아남아 아이를 낳고 육아에 투자할 수 있는 능력을 반영하기 때문이라고 말했다. 만약 지방 비축이 일정한 경계선 이하로 떨어지면, 여성은 배란을 멈추기 때문에 남성은 충분히 지방을 비축한 여성을 매력적으로 여기도록 진화했다. 젖가슴이 진화에서 한 역할에 관한 캔트의 평가는 당연히 격렬한 논쟁을 촉발했다. 연구자들은 만약 이 이야기가 전부라면, 남성은 젖가슴만이 아니라 여성의 몸에 있는 다른 어떤 지방, 앞의 사례로 돌아가 보면 허리와 엉덩이도 매력적으로 여겨야 한다는 점을 금세 깨닫게 되었다. 대안적 설명도 부족하지 않았다. 젖가슴은 배란 잠재력의 증거를 제공하며, 부드러운 젖가슴은 아기를 기분 좋게 하고, 젖가슴이 큰 여성은 진화사에서 그만큼 긴밀하게 보호받지 않았기 때문에 자유롭게 은밀한 정사를 계속할 수 있었다. 이는 사회적·물질적 또는 유전적 이득을 성과로 주었다.

보비 로Bobbi Low와 동료들이 볼 때, 젖가슴과 엉덩이에 비축된 지방은 기만적 신호다. 지방은 엉덩이를 크게 보이게 하는데, 이것이 매력적인 것은 골반이 넓으면 출산이 쉽다는 것을 의미하기 때문이다. 그리고 지방은 젖가슴을 크게 보이게 하는데, 이것이 매력적인 것은 젖가슴은 원래 젖을 분비하는 능력을 가리키기 때문이다. 처음에 젖가슴이 큰 여자들에게 짝짓기 시도를 집중하기로 선택한 남자들은 아이에게 젖을 더 잘 먹일 수 있는 파트너와 짝을 맺을 수 있었으며, 그 결과 더 많은 자손을 남겼다. 시간이 흐르면서 이는 젖가슴이 있는 여자들에 대한 선호로 이어졌다. 젖가슴이 클수록 유선 조직도 더 많다는 신호이기 때문에 더 매력적인 것이 되었다. 일부 '진화심리학자'들에게 이에 관한 하나의 가능성은 젖가슴이 대칭적일수록 매력적인 것은 유선 발달이 불충분한 여성은 젖 분비에 문제를 겪기 때문이라는 것이다. 따라서 이와 관련한 어떤 대가를 치르고라도 대칭적 젖가슴을 '만들어 낼' 수 있는 여성은 자신의 '좋은 유전자'를 선전할 수 있다.

　최근 세대의 '진화심리학자'들이 이 논쟁에 관여하기를 꺼리며, 이 논쟁이 대체로 미적 고려를 진전시키지도 못했다는 점에 아마도 놀랄 것이다. 하지만 인류학자 프랭크 말로Frank Marlowe는 '결혼 적령기 가설nubility hypothesis'을 제안한 바 있다. 여성의 젖가슴이 커지는 것은 연령의 신호이며, 이는 다시 생식 잠재력의 신호라는 것이다. 말로가 볼 때, 젖가슴은 그 크기와 모양으로 나이를 "선전한다." "젖가슴이 나오지 않으면 소녀는 아직 사춘기가 되지 않은 것이다. 젖가슴이 나오고 탄탄해지면 여자는 성숙하지만 어리지는 않다. 젖가슴이 처지면 늙은 것이다." 더욱이 중력 탓에 튀어나온 젖가슴은 영원히 탄탄하지 않다. 이런 이유로 남자들은 젖가슴이 작은 여자에 비해 큰 여자의 가슴으로 나이를 더 잘 판단할 수 있으며, 따라서 남자들은 젖가슴이 클수록 매력적으로 여긴다. 젖가슴이 진화한 이유에 대한 주장으로 이 설명은 타당해 보이지만(하지만 유일하게 가능한 설명은 아니다), 참가자들에게 각기 다른 모양과 크기의 젖가슴에 대해 매력 등급을 매겨 보라고 요청한 심리학 연구들의 결과를 보면 선호가 한층 다양해 보인다.

선호를 분리하려고 한 몇몇 연구 사이에서 내려진 결론은 중간 크기의 젖가슴이 가장 호의적인 점수를 받은 것에서부터 큰 가슴이 가장 매력적이라는 평가를 받은 것까지 다양했다. 남성은 젖가슴이 클수록 매력적이라고 보는 반면, 여성은 젖가슴이 작을수록 더 높은 점수를 주었음을 시사한 연구도 있다. 다른 한편, 로는 날씬하고 젖가슴이 큰 여성만이 매력적으로 여겨진다고 말했다. 또 다른 이들은 남성은 어떤 젖가슴 크기든 매력과 연관시키지 않는다고 밝혔지만, 꼼꼼하게 통제된 최근의 연구들을 보면 남성에게 이상적인 젖가슴 크기는 여성의 경우보다 더 크다(그리고 여성은 남성들이 실제로 고르는 것보다 훨씬 더 큰 젖가슴을 선호한다고 생각한다)고 시사한다. 사회학자 앨런 마저Alan Mazur가 볼 때, 이상적인 젖가슴 크기는 같은 수준을 유지하지 않았다. 여성의 아름다움의 추세를 검토한 결과, 적어도 영미권에서는 이상적인 젖가슴 크기에 관한 관념은 극적인 변동을 겪었다. 20세기에만 해도 선호하는 젖가슴 크기는 1920년대의 '작은' 시기(프리츠 랑Fritz Lang의 도상학적 영화 〈메트로폴리스Metropolis〉[1927]에 나오는 브리기테 헬름이 전형적인 예다)부터 1960년대 초의 '유방 열풍'에 이르기까지 계속 커졌다. 1960년대 말 이래 극단적으로 마른 몸매가 이상화되는 것과 나란히 선호하는 젖가슴 크기도 점점 작아지고 있다. 하지만 '남성의 시선'에서 묘사되는 이상적인 여성의 몸은 여전히 비교적 젖가슴이 크다.

젖가슴의 매력에 관한 우리의 논의가 지나치게 짧아 보일지 모르지만, 여기에는 이유가 있다. 현재의 연구자들은 젖가슴이 여성의 매력에 독립적인 효과를 미치지 못한다고 본다. 영국과 우간다의 젖가슴 크기에 관한 선호를 검토한 유니버시티칼리지런던과 마케레레대학교의 심리학자 에이드리언 펀햄Adrian Furnham과 동료들은 전체적인 몸무게와 허리-엉덩이 비율에 비해 젖가슴은 매력 등급에 가장 작은 효과를 미친다는 점을 발견했다. 하지만 이는 젖가슴 크기의 전반적인 효과를 보기 어렵게 만드는 듯하다. 어떤 특정한 젖가슴 크기를 선호하는 것은 여성의 몸매(대체로 허리-엉덩이 비율로 정의된다)와 전체적인 몸무게의 함수다. 여성의 몸에서 젖가슴만 따로 떼어내 검토하는 것은 말이 되지 않으므로 다시 팔로마르 씨의 이야기를 들어보자. 산책에서 돌아온 팔로마르 씨는 다시 일광욕하는 여자를 지나면서 앞쪽으로 시선을 고정시킨다. "그의 시선이 물러나는 파도의 거품과 해변에 끌어올린 보트, 모래 위에 펼쳐진 커다란 목욕 수건, 젖꼭지의 갈색 후광과 함께 그보다 밝은 피부의 충만한 달 모양, 하늘과 대비되는 잿빛 연무로 뒤덮인 해안선에 공평하게 한결같이 닿도록."

하지만 과연 이렇게 행동해야 할까? 팔로마르 씨는 시선을 피함으로써 남성 우위의 습관을 영속화하는 건 아닌가? 그는 발걸음을 되짚으면서 이제 "중립적 객관성"을 견지하며 해변을 훑어볼 수 있게 된다. "그리하여 여자의 젖가슴이 시야에 들어오자마자 급격한 전환이 뚜렷해진다. 시선을 옮겨 재빠르게 힐끗 본다." 좋다. 하지만 이렇게 힐끗 보는 시선은 "우월함의 태도, 즉 젖가슴이 무엇이며 무엇을 의미하는지에 대한 과소평가"로 여겨지지 않을까? 젖가슴을 옹졸한 마음의 암흑으로 깎아내리는 건 아닐까? 그는 다시 방향을 바꾼다. 이번에는 특별히 숙고하면서 한동안 젖가슴을 바라볼 것이다. 일광욕하는 여자 쪽에서 어떤 이상한 생각도 하지 못하도록. "하지만 그가 다시 다가서는 순간, 여자가 갑자기 벌떡 일어나 짜증을 내며 몸을 가리고, 화가 난 듯 으쓱하며 자리를 뜬다. 끈질긴 호색한을 피하려는 것처럼. 편협한 전통의 중압감 때문에 제아무리 계몽된 의도도 사람들이 이해하지 못한다고 팔로마르는 씁쓸한 결론을 내린다." (내가 비밀을 누설해서 독자 여러분이 이탈로 칼비노의 《팔로마르》를 읽지 않는, 또는 여러 번 읽어 마땅한 이 이야기를 다시 읽지 않는 일이 없기를.)

벨기에의 아돌프 케틀레Adolphe Quételet는 다양한 분야의 거장인 듯 보이는 19세기형 인물로서 천문학자이자 수학자, 통계학자, 사회학자였다. 1819년 겐트대학교에서 수학 박사 학위를 받자마자 그는, 아직 30대 초반이었음에도 정부 관리들과 개인 기부자들을 설득해서 브뤼셀에 천문대를 짓게 만들었다(1828년에는 브뤼셀 천문대 소장이 되었다). 하지만 케틀레는 단지 수학적 난제들을 해결하기 위해 천문학과 통계학에 관심을 기울인 것이 아니었다. 그는 신생 학문인 통계학을 사회 현상에 적용한 선구자들 중 하나였다. 이런 시도에 '사회물리학'이라는 이름을 붙였다. 가장 크게 영향을 미친 그의 저서 《인간과 능력 계발에 관하여: 사회물리학 시론Sur l'homme et le développment de se facultés, ou Essai de physique sociale》(영어로 처음 번역될 때는 '인간에 관한 시론Treatise on Man'이라는 짧은 제목으로 나왔다)은 1835년에 출간되었는데, 그가 '평균적 인간l'homme moyen' 개념을 설명하는 '사회물리학' 프로젝트를 이어 가는 작업이었다. '평균적 인간'이란 다양하게 측정한 변수들의 평균값으로 특징 지어지는 인간이었다. 이런 연구들 중 주요한 것은 케틀레가 신장 대비 몸무게를 분류하는 단순한 기준을 확립한 것이었다. 그의 제안―케틀레 척도, 또는 오늘날의 표현으로 하면 체질량지수―은 몸무게 통계 및 이와 관련된 정책 논의에서 가장 널리 인정받는 유일한 기본 자료일 것이다.

신체적 매력에 관한 우리의 탐구에서 체질량지수가 지닌 의미는 뉴캐슬대학교의 마틴 토비와 동료들이 허리 수치를 조작하는 경우에 몸매의 체질량지수가 변화된다는 점을 근거로 허리-엉덩이 비율 선호 연구에 이의를 제기한다는 데 있다. 상반신의 허리둘레를 바꾸는 식으로 몸매를 수정하면(싱이 최초의 연구에서 이렇게 했다), 허리-엉덩이 비율만 바뀌는 게 아니라 외견상의 체질량지수도 바뀐다. 허리-엉덩이 비율 값이 커지면 체질량지수 값도 커진다. 이런 '난점' 때문에 매력 등급이 허리-엉덩이 비율이나 체질량지수 또는 둘 다에 따라 바뀌는지 가려내기란 불가능하다. 하지만 이것이 싱의 자극에만 영향을 미친다고 보아서는 안 된다. 태시너리와 핸슨, 그리고 헨스도 똑같은 오류를 되풀이한다.

토비와 동료들은 여성의 매력을 지각하는 데서 체질량지수와 허리-엉덩이 비율의 상대적 중요성을 연구하기 시작했다. 하지만 우선 적합한 일련의 자극을 찾아야 했다. 지금 와서 보면, 그들은 언뜻 분명해 보이는 해결책을 찾아냈다. 일반적 포즈를 취한 실제 여자들의 이미지를 사용한 것이다. 이렇게 함으로써 체질량지수와 허리-엉덩이 비율을 정밀하게 측정해서 각각의 효과를 산정할 수 있었다. 이런 이미지의 또 다른 이점은 여자들의 머리 부분을 가려서 얼굴의 매력이 참가자들이 등급을 매기는 요인이 되지 않도록 했다는 사실이다. 이렇게 해서 그들은 신장 대비 몸무게가 허리-엉덩이 비율보다 여성의 매력을 결정하는 데 훨씬 더 중요한 요인이라는 결론을 내릴 수 있었다. 엄밀하게 말하자면, 체질량지수가 매력 등급을 나누는 데 70퍼센트 이상을 차지한 반면 허리-엉덩이 비율은 2퍼센트 이하만 차지했다.

이 연구에 대한 한 가지 문제점은 이 이미지들에서 체질량지수와 허리-엉덩이 비율의 상대적 범위가 공평하지 않았다는 점이다. 따라서 체질량지수의 중요성이 상대적으로 커진 것은 허리-엉덩이 비율의 변이가 더 광범했기 때문이다. 이 문제를 해결하기 위해 토비는 체질량지수 값의 범위를 엄격하게 통제한 여자들의 이미지를 사용했지만(그리하여 허리-엉덩이 비율에 '이점'을 주었지만), 그래도 허리-엉덩이 비율이 매력의 강력한 결정 요인으로 나타나지 않았다. 또한 뉴캐슬 남자들이 어떤 이유에서인지 허리-엉덩이 비율을 매력의 지표로 여기지 않는다고 주장할 수도 없다. 심리학자 레베카 풀Rebecca Puhl과 프레드 볼런드Fred Boland는 다른 사진 이미지들을 사용해 북아메리카에서도 비슷한 증거를 발견했다. 흥미롭게도 이 연구에서는 남녀 모두 모든 몸무게 조건에서 허리-엉덩이 비율이 낮은 모델보다 높은 모델을 매력적이라고 여겼다. 두 사람이 볼 때, "이 연구 결과는 허리-엉덩이 비율이 낮을수록 건강과 생식 신호 때문에 가장 높은 매력 등급을 받는다는 싱의 진화론적 주장에 분명한 의문을 제기한다." 3차원 이미지를 사용한 연구들도 이를 뒷받침한다. 홍콩 이공대학의 판진투[Fan Jin-tu, 范金土]와 동료들이 한 연구와, 다른 방법으로 동일한 결론에 다다른 잰 윌슨[Jan Wilson]과 동료들이 한 연구가 그것이다.

이 연구들에서 대체로 가장 높은 등급을 받은 여자들의 이미지는 체질량지수가 19~20 정도인데(체질량지수는 몸무게를 키의 제곱으로 나눈 값, 즉 kg/m^2이다), 여전히 '평균' 또는 최적(전반적으로 건강함) 범위에 속한다. 흥미롭게도, 심각한 저체중의 여자는 적당한 과체중 여자보다 덜 매력적이라고 평가받는다. 이 연구를 통해 여자의 아름다움의 비밀은 이런 특정한 체질량지수에 있다는 결론을 내릴 수 있다. 또한 그 이유에 대한 '진화심리학적' 추론을 내놓을 수도 있다. 앞서 토비와 동료들은 최적의 체질량지수가 19 내외이며, 이는 또한 매력적이라고 선호되는 값이기도 함을 보여주는 연구들을 내세워 체질량지수가 여성의 건강과 생식력에 대한 신뢰할 만한 단서를 제공한다(싱이 허리-엉덩이 비율에 대해 말한 것처럼)고 시사한 바 있다. 하지만 신중해야 할 이유들이 있다(토비와 동료들은 확실히 체질량지수가 아름다움의 비밀의 열쇠라고 과장되게 주장하지 않았다). 그중 왜 이 체질량지수 범위가 선호되는지에 관해 '진화심리학'과 무관한 이유들이 존재한다. 구체적인 것은 다음 장에서 살펴볼 것이다.

하지만 만약 몸무게가 여성의 매력을 좌우하는 지배적 지표라면, 허리-엉덩이 비율을 어떻게 이해해야 하며, 왜 수많은 연구에서는 매력을 판단할 때 허리-엉덩이 비율이 미치는 효과를 발견했다고 주장하는 걸까? 지금으로서는 추측의 문제이지만, 나는 허리-엉덩이 비율이 이성의 마음을 끄는 능력과 무관하다고 믿고 싶다(적어도 '진화심리학자'들이 규정한 본성에서는). 그보다 낮은 허리-엉덩이 비율에 대한 미적 선호는 단순히 남녀의 차이와 관련된 관찰을 반영한다. 로렌초 다폰테Lorenzo da Ponte가 모차르트Wolfgang Amadeus Mozart의 〈돈 조반니Don Giovanni〉를 위해 쓴 극본에서 말하는 것처럼, 치마를 걸치기만 하면 여자의 미모는 중요하지 않다.

마님, 이것이 제 주인님이 정복한
여자들의 명단입니다.
제가 직접 작성했습죠.
한번 보시고, 저와 같이 읽으시죠. (…)

그중에는 시골 아가씨,

하녀에 도시 여자,

백작 부인에 남작 부인,

후작 부인에 공주님까지

모든 계급의 여인네들,

온갖 몸매와 몸집, 모든 연령이 있지요. (⋯)

겨울에는 통통한 여자가 좋고,

여름에는 마른 여자,

덩치가 크면 위풍당당하고,

작으면 애교가 있다나요.

나이 든 여자를 쫓아다니는 건

순전히 명단에 올리는 재미일 뿐,

진짜로 열중하는 상대는

젊고 순진한 아가씨죠.

여자가 부자든,

못생겼든 미인이든 가리지 않는답니다.

치마를 걸치기만 하면

그분이 무슨 짓을 할지 아시겠지요.

다폰테의 유창한 설명을 비틀어 말하자면, 허리-엉덩이 비율은 사람의 성별을 보여주는 지표다. 남녀의 허리-엉덩이 비율의 성적 차이는 단순히 자연선택의 결과일 것이다. 관찰자는 이 비율에서 성차를 알아채며, 결국 이를 양성 간 차이의 상징으로 본다. 시간이 흐르면서 사람들은 낮은 허리-엉덩이 비율을 여성성과, 높은 허리-엉덩이 비율을 남성성과 연결하게 되며, 따라서 여성적 특성의 전형적인 특징을 드러내는 여자를 아름답다고 여긴다. 이런 이해를 아주 간단하게 테스트할 수 있다. 만약 이 생각이 올바르다면, 낮은 허리-엉덩이 비율이 여성성과 동일시되는 정도만큼 그에 비례해서 높은 허리-엉덩이 비율은 남성성과 연결되어야 한다. 또는 다르게 말하자면, 허리-엉덩이 비율이 낮은 것이 선호되는 여성의 몸매라면, 허리-엉덩이 비율이 높은 것은 선호되는 남성의 몸매여야 한다.

공교롭게도 싱은 참가자들에게 허리-엉덩이 비율과 몸집이 각기 다른 남성을 묘사한 선그림의 등급을 매겨 달라고 요청한 바 있다. 그 결과 허리-엉덩이 비율이 0.90~0.95인 몸매가 0.90 이하나 0.95 이상인 몸매보다 더 매력적이고 건강하다는 평가를 받았다. 싱은 실제로 '매력적인' 허리-엉덩이 비율 범위

(0.90~0.95)에 속하는 남자가 먼 옛날 진화사에서 짝을 놓고 경쟁할 때 더 성공을 거뒀으며, 따라서 이 비율이 현대 여성들에게도 매력적이라는 요지의 납득하기 어려운 주장을 내놓는다. 바로 뒤에 살펴볼 것처럼, 여성은 남성의 매력을 평가할 때 허리-엉덩이 비율을 활용하지 않는다. 그래서 높은 허리-엉덩이 비율이 남성성과 연결된다는 설명은 신중해야 한다(허리-엉덩이 비율이 0.95보다 높은 남자를 찾기는 무척 어려우며, 이로써 이 극단에서 매력 등급이 감소하는 것이 설명된다). 이제 볼테르^{Voltaire}의 이야기를 들어볼 차례다.

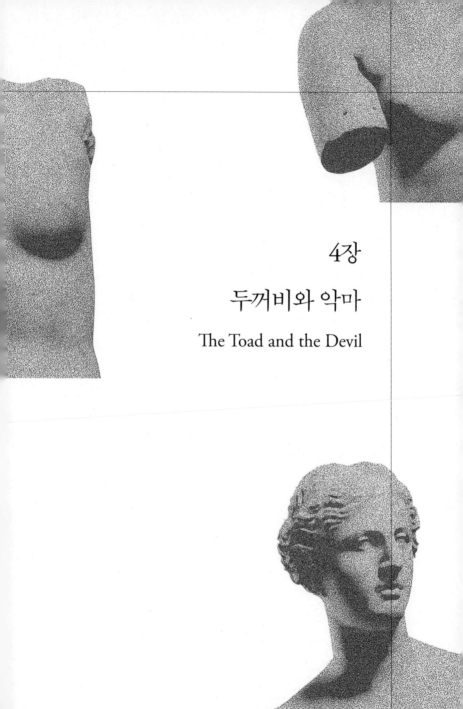

4장

두꺼비와 악마

The Toad and the Devil

"두꺼비에게 어떤 아름다움이 '지고의 미'인지 물어보라.
두꺼비는 작은 두꺼비 머리에서 튀어나온 커다랗고 둥근 두 눈과
널찍하고 납작한 입, 누런 배, 갈색 등을 가진
자기 두꺼비 아내가 가장 아름답다고 대답할 것이다."

마치 자욱한 안개가 밀려들듯이 혹은

바람에 돌아가는 풍차가 저 멀리 나타나듯이,

우리의 반구가 어둠에 잠길 때,

그렇게 웬 기묘한 것이 나타나는 듯했다.

그러자 강한 바람이 불어왔고, 나는 달리 피할 곳도

없었기에 길잡이 뒤로 몸을 움츠렸다⋯⋯.

길잡이는 한참 더 앞으로 나아가다

한때 아름다운 용모를 지녔던

피조물(루키페르. ―옮긴이)을 보여주시는 것이 즐거웠던지

옆으로 비키며 나를 멈추게 하더니 말했다.

"보라! 여기에 디스(로마 신화의 저승의 신. 플루토라고도 한

다. 그리스신화의 하데스. ―옮긴이)가 있다. 이제 여기서부터는

마음을 굳게 먹어야 할 거다."

나는 《신곡 지옥편》에서 단테가 베르길리우스의 엄한 영혼에 이끌려 지옥의 아홉 번째 고리를 통과하면서 루키페르를 처음 목격하는 위의 구절을 잊을 수가 없었다. "이 말을 듣고 얼마나 온몸이 얼어붙어 기진맥진해졌는지, 독자여 묻지 말라. 여기에 쓸 수 없으니." 하지만 물론 단테는 글을 쓴다. 그는 "의기소침한 왕국의 황제"의 세 얼굴을 보며 혀를 내두른다. 깃털 없는 날개에서는 얼음장 같은 바람이 퍼져 나가고, 여섯 개의 눈동자에서는 피눈물이 흐른다. 단테는 루키페르의 몸을 뒤덮은 얼어붙은 털과 헝클어진 머리카락을 보며, 악마의 세 입을 보고 벌벌 떤다. 입마다 이를 갈며 죄인을 찢어발기니 "세 죄인에게 동시에 엄청난 고통을 주었다." 얼마 전 산드로 보티첼리가 단테의 여행을 위해 그린 그림들 중 하나에서 발견한 흥미로운 요소들이다. 〈루키페르〉라는 제목이 붙은 별로 유명하지 않은 그림이다. 내가 당시 런던 왕립미술원에서 전시 중이던 보티첼리의 그림에 특히 끌린 것은 섬뜩하고 통렬할 정도의 치밀한 세부 묘사만이 아니라 이 특정한 괴물의 아름다움 때문이었다.

그 후 연구를 하면서 나는 모든 문화에는 언제나 나름의 추

〈루키페르〉, 보티첼리

함에 대한 관념과 더불어 아름다움의 고유한 개념이 동반했다
는 사실을 발견했다. 그 자체로는 별로 중요하지 않지만 그래도
묘하게 감동적인 발견이었다. 그리스 신화에는 폴리클레이토
스의 조각상에 비해 괴물 같다고 여겨진 키클롭스, 미노타우
로스, 파우노스 같은 많은 피조물이나 프리아포스 같은 신이
있었다. 하지만 이런 존재들을 언제나 혐오스럽게 대한 것은
아니다. 그보다는 추한 피조물과 생물이 존재한다는 것이 인정
되었고, 예술은 그것들을 아름답게 묘사하는 힘이 있었다. 바
뇨레조의 보나벤투라는 중세 시대에 글을 쓰면서 이미 악마를

아름답게 재현하는 것의 문제에 몰두했다.

그림의 주인공이 하나뿐임이 분명하다 할지라도 아름다움의 두 방식을 그림에서 발견할 수 있다. 그 그림이 잘 그려졌을 때 아름답다고 칭해지며, 또한 그 그림의 주인공을 잘 재현할 때에도 아름답다고 칭해지기 때문이다. 그리하여 어떤 것이 다른 것의 부재 속에 존재할 수 있다는 사실에서 아름다움의 또다른 원인이 생긴다. 악마의 상이 악마의 부도덕함을 재현함으로써 혐오스러울 때에도 그것이 아름답다고 말할 수 있는 것은 이 때문이다.

보나벤투라의 전제는 간단하다. 자연 속에는 우리에게 혐오감을 주는 추함이 존재하지만, 추함의 아름다움을 표현하는 예술 속에서는 이것이 견딜 만하고 심지어 만족스럽기도 하다는 것이다. 하지만 중세 작가들은 불쾌한 것의 매력과 악마의 아름다움을 슬쩍 인정했을 뿐이다. 대다수 작가들은 예컨대 교회와 장식품에 묘사된 괴물을 격렬하게 비난했다. 16세기와 17세기에 이르러서야 괴물들이 상징적 힘을 잃고 자연의 진기한 존재로 여겨지면서 '과학적' 연구의 대상이 되었다. 여담은 이쯤 하고 이 장의 중심적 가정으로 넘어가자. 만약 추함을 여러 방식으로 상상할 수 있고, 추하다고 여겨지는 대상에서도 아름다움을 발견할 수 있다면, 아름다움 자체가 그만큼 덧없어지는 건 아닐까?

레바논 시인 칼릴 지브란Khalil Gibran은 언젠가 이렇게 썼다.

이집트인의 예술은 비술祕術에 있다.

칼데아인의 예술은 계산에 있다.

그리스인의 예술은 비례에 있다.

로마인의 예술은 메아리에 있다.

중국인의 예술은 예법에 있다.

힌두인의 예술은 선과 악의 저울질에 있다.

유대인의 예술은 파멸의 감각에 있다.

아랍인의 예술은 회상과 과장에 있다.

페르시아인의 예술은 까다로움에 있다.

영국인의 예술은 분석과 독선에 있다.

에스파냐인의 예술은 광신에 있다.

이탈리아인의 예술은 야망에 있다.

러시아인의 예술은 슬픔에 있다.

아름다움에 관해 글을 쓴 모든 이탈리아 작가들 가운데 내가 가장 미묘하다고 본 이는—19세기 초 낭만주의의 정신에 그토록 휘둘린—우고 포스콜로Ugo Fóscolo다. 포스콜로의 명성을 굳혀 준 작품은 서간체 소설《야코포 오르티스의 마지막 편지 Le ultime lettere di Jacopo Ortis》다. 괴테Johann Wolfgang von Goethe의《젊은 베르테르의 슬픔Die Leiden des jungen Werthers》을 본떠서 쓴 이 소설은 낭만적 사랑과 열렬한 애국심이 뒤섞인 작품이다.《야코포 오르티스의 마지막 편지》에서 그는 이렇게 쓴다. "감히 그러지 못했어, 감히 그러지 못했어."

거기서 그녀를 끌어안고 내 가슴에 움켜쥘 수도 있었건만. 그녀가 잠든 모습을 보았지. 잠은 그 커다란 검은 눈동자를 감겨 두었지만, 그녀의 이슬 맺힌 뺨 위로 장미꽃이 더욱 밝게 흩뿌려져 있었지. 그녀의 아리따운 몸은 소파에 묻혀 있었어. 한쪽 팔은 머리를 받치고 다른 팔은 느슨하게 늘어져 있었지. 전에 몇 번 산책하고 춤추는 모습을 보았네. 마음 깊은 곳에서 그녀가 하프를 뜯는 소리와 목소리가 들렸지. 마치 낙원에서 내려오는 모습을 보는 것처럼 경외감에 가득차서 그녀를 흠모했네. 허나 오늘만큼 아름다운 그녀를 본 적이 없어, 결단코. 그녀의 옷 덕분에 천사 같은 그

녀의 곡선을 얼핏 본 듯하네. 내 영혼이 그녀를 생각했는데,
더 이상 무슨 말을 할 수 있겠나?

여러 면에서 서로 다른 우리 각자가 그럼에도 불구하고 포
스콜로가 사랑하는 대상에게서 아름다움의 단일한 정의를 발
견할 수 있다고 생각하는 것은 어려운 일이 아니다. 그리고 이
는 실제로 '진화심리학'의 위대한 설계 가운데 하나다. 우리 모
두의 정신은 공통의 진화사의 산물이기 때문에 우리 각자가
보편적이고 동일한 인간 본성을 공유한다고 가정해야 한다. 이
것은 어쩌면 부당한 일반화일 테지만, 그렇다 하더라도 '진화심
리학자'들은 적어도 우리 정신의 일부 측면이 광범위한 문화권
들을 가로질러 예측 가능한 방식으로 작동한다는 제안에 반대
하지 않았다. 이제 앞 장에서 중단한 이야기로 돌아가 보자면,
데벤드라 싱은 여성의 낮은 허리-엉덩이 비율은 '문화적으로
불변'이라는, 지금은 논란이 많은 주장을 내놓았다. 싱은 언뜻
보면 논란의 여지가 적은 두 세부 사항에 근거해 판단했다. 첫
째, 허리-엉덩이 비율은 인류의 진화사에서 여성의 짝 가치에
대한 적응적 평가였다. 둘째, 낮은 허리-엉덩이 비율에 대한 선
호는 광범위한 나라들에서 발견되었다.

허리-엉덩이 비율은 여성의 매력에 대한 중요성에서 문화적으로 불변이어야 한다. 허리-엉덩이 비율이 여성의 짝 가치에 관해 그토록 중요한 정보를 담고 있다는 사실은 모든 사회의 남성이 짝 선택에서 허리-엉덩이 비율이 높은 여자보다 낮은 여자를 선호하거나 적어도 그런 여성을 성적으로 매력 있다고 여겨야 한다는 것을 시사한다.

지금까지 우리는 허리-엉덩이 비율의 평가가 반드시 진화적 적응이라고 생각할 만한 진정한 이유가 왜 없었는지를 살펴보았다. 여기서 우리는 싱의 두 번째 주장, 즉 낮은 허리-엉덩이 비율에 대한 선호가 아름다움의 보편적 진실이라는 주장에 관심이 있다. 우선 이 선호가 시간적으로 보편적이라는 견해를 생각해 보자. 싱은 낮은 허리-엉덩이 비율에 대한 선호가 《플레이보이》 누드 모델과 미스아메리카 수상자들에게 반영되었다고 (앞 장에서 살펴본 것처럼 그릇되게) 주장했다. 하지만 더 나아가, 그는 멀리 고대 이집트와 그리스까지 거슬러 올라가는 조각상들에서 이 선호를 발견할 수 있다고 주장했다. 싱과 동료들은 인도, 이집트, 그리스, 그리고 아프리카 일부 부족들의 고대 조각상 300여 점의 허리-엉덩이 비율을 측정했다. 이 네 문화 집단 모두에서 그들은 "지역의 문화적 기준에도 불구하고 여성의 허리-엉덩이 비율이 건강하고 생식력 높은 범위 안에서 재현된다"는 것을 발견했다.

네 고대 문화권의 미적 기준이 크게 차이가 있음에도 불구하고 각 문화가 아름답다고 여겨지는 건강한 허리-엉덩이 비율의 특정한 관념을 공유했다는 점은 주목할 만한 연구 결과로 보인다. 그러나 나는 여전히 확신하지 못하겠다(내가 거만해 보인다면, 독자 여러분께 용서를 구하고 싶다). '진화심리학자'들은 오늘날 우리가 알고 이해하는 인간의 마음이 후기 구석기시대에 진화했다는 사실을 중요하게 여겼다. 이제 싱의 조각상 가설을 뒷받침하는 실제 증거는 이 시대의 조각이나 회화를 검토함으로써만 나올 수 있는데, 물론 이런 유물은 풍부하게 존재하지 않는다. 따라서 싱은 차선책으로 고대 인간 문화들의 조각을 검토한다. 바로 여기서 나는 우선 이의 제기를 하고 싶다. 상대적 측면에서 보면, 즉 후기 구석기시대와 비교해서 보면 아시아와 유럽, 아프리카의 '고대' 문명들은 최근에 발전한 것이며, 모두 공통된 특징을 많이 공유한다. 이 '고대인'들의 조각상을 골라서 이로부터 아름다움에 관한 진화적 이해를 추론하는 것은 말이 되지 않는다. 특히 홍적세에 만들어진 조각이 소수나마 실제로 존재할 때는 더더욱 말이 되지 않는다.

여자의 모습을 그린 가장 유명한 초기 이미지 중 하나인 〈빌렌도르프의 비너스〉는 1908년 고고학자 요제프 솜바티^{Josef} ^{Szombathy}가 오스트리아에서 발견했다. 하지만 그 지역 특유의 조각은 아니었던 듯하다.(182쪽 [그림 7], 〈빌렌도르프의 비너스〉) 지금은 빈의 자연사박물관에 있는 이 조각은 약 11센티미터의 돌에 새긴 것으로, 약 2만 2000~2만 4000년 전의 작품으로 여겨진다. 이는 우리에게 가장 중요한 점이다. '진화심리학' 명제를 세우기 위한 완벽한 표본인 것이다. 물론 우리는 〈빌렌도르프의 비너스〉를 가지고 홍적세의 미적 취향에 관해 어떤 가설도 추론해서는 안 되지만, 이 비너스는 싱의 주장의 약점을 입증하는 것으로 보인다. 그리고 〈빌렌도르프의 비너스〉만 있는 것이 아니다. 이 작은 조각상이 발견된 이래 비슷한 조각상이 몇 개 발견되어 지금은 비너스 소조각상이라는 이름으로 뭉뚱그려 불린다. 두 개가 예외이긴 하지만, 후기 구석기시대부터 모두 허리-엉덩이 비율이 그토록 치켜세워진 0.70보다 훨씬 높은 풍만한 여성을 묘사한다. 두 개의 예외는 훨씬 오래된 발견물로, 〈베레카트 람의 비너스〉와 〈탄탄의 비너스〉는 기원전 80만~기원전 23만 년으로 거슬러 올라가지만, 그래도 풍만한 여성을 묘사한다.

물론 이와 같은 많은 인공물과 마찬가지로, 비너스 소조각상들의 진정한 문화적 의미를 결코 알 수 없다고 말할 수도 있다. 하지만 이 조각들이 만들어질 당시에 인간 사회가 오늘날과 똑같이 비만을 대하는 경향이 없었을 것이라는 점(아직 농경이 창안되지 않았고, 살찌는 음식은 거의 없었을 것이다)을 감안하면, 이 소조각상들은 생식력의 상징이나 심지어 다양한 여신의 직접적 재현이라고 보아도 무방하다. 하지만 이 소조각상들이 미적 선호에 관해 말해 주는 내용이 거의 없음을 받아들인다면, 고대 그리스나 이집트, 아프리카나 인도의 조각상에 대해서도 현대적 의미를 부여하는 데 그만큼 신중해야 한다. 한 가지 사례를 들자면, 미술사학자 나이절 스파이비Nigel Spivey가《그리스 조각의 이해Understanding Greek Sculpture》에서 긴 지면을 할애해 검토하는 것처럼, 그리스 조각상에 대한 우리의 감상은 고대 그리스인들이 그것들을 보고 지각한 방식과 한참 동떨어져 있다. 원래 의도한 배경에서 그리스 조각상은 아주 다르게 보였고, 오늘날 우리가 알면 놀랄 만한 사회적·종교적·정치적 목적에 쓰였다. 고대 그리스인들과 스파이비가 우리에게 경고하듯이, 오래된 조각상을 볼 때는 조심해야 한다.

하지만 싱은 단순히 고대 조각상에 근거해서 낮은 허리-엉덩이 비율이 보편적인 미로 간주된다고 주장하지 않는다. 여성의 낮은 허리-엉덩이 비율에 대한 선호는 독일에서 오스트레일리아, 그리고 대서양의 포르투갈령 아조레스제도에 이르기까지 수많은 나라에서 발견되었으며, 이런 현상은 짝 매력의 신호로서 허리-엉덩이 비율의 보편적이고 '문화적으로 불변인' 성격을 보여주는 증거로 간주되고 있다. 먼저, 내가 다소 호전적으로 주장하는 데 대해 양해를 구하고자 한다. 하지만 하나의 딜레마가 존재한다. 이 모든 연구에서 공유하는 단일한 요소는 이것들이 모두 현대 산업 사회에서 수행되었다는 점이다. 그렇다면 낮은 허리-엉덩이 비율에 대한 선호는 인간 사회의 일정한 사회적·경제적 변화에 의해 규정되는 특정한 문화에서 사는 경험의 효과라고 봐도 무방하다. 다행히도, 과학자들은 발빠르게 싱의 발상을 문화를 가로질러 시험해 보았다.

이런 연구 가운데 첫 번째는 진화생물학자 더글러스 유Douglas Yu와 의료인류학자 글렌 셰퍼드Glenn Shepard가 페루 아마존 지역의 마치겐카족 사이에서 진행한 것이다. 마치겐카족은 아마존 우림의 변경에 거주하는데, 외부 세계와 접촉을 가능한 한 최소화하려고 애쓰고 있다. 유와 셰퍼드는 여성 몸매 선그림을 이용해 마치겐카족의 세 그룹을 시험했다. 각 그룹은 서구 세계와 접촉한 정도가 각각 달랐다. 가장 서구화되지 않은 그룹은 우선 몸무게로 몸매의 등급을 정해서 몸집이 큰 몸매를 저체중 몸매보다 선호했고, 그다음에야 허리-엉덩이 비율을 보았다. 하지만 이 경우에도 이 그룹은 높은 허리-엉덩이 비율이 더 매력적이며, 허리-엉덩이 비율이 낮은 몸매보다 배우자로 바람직하고 건강하다고 평가했다. 중간 정도 서구화된 둘째 그룹은 허리-엉덩이 비율이 낮은 몸매가 더 매력적이고 배우자로 바람직하지만, 더 건강한 것은 아니라고 평가한 점에서 달랐다. 마지막으로 세 번째이자 가장 서구화된 그룹(20~30년 전에 처음 서구 세계와 접촉한 그룹)은 북아메리카의 실험 참가자들과 다르지 않았다. 허리-엉덩이 비율이 낮은 몸매가 매력적이고, 비율이 높은 몸매보다 더 바람직하고 건강하다고 평가했다. 1998년 권위 있는 저널인 《네이처Nature》에 논문을 발표한 유와 셰퍼드는 분명한 결론을 내렸다.

지금까지 적응 서사와 결합된 문화적 불변을 이용해서 인간의 아름다움에 관한 적응주의적 설명을 뒷받침해 왔다. (…) 하지만 우리가 연구한 결과, 문화적으로 고립된 인구 집단을 검토해 보면 이른바 불변의 기준이 쉽게 변한다는 사실이 입증되었다. 그 결과 '진화심리학'의 많은 '비교문화' 실험은 서구 미디어가 만연한 상황을 반영하는 것일 뿐인지도 모른다.

오래지 않아 1999년 보편성 가설에 대한 두 번째 불일치 증거가 나타났는데, 이번에는 탄자니아의 하드자족 사례였다. 인류학자 애덤 웨츠먼Adam Wetsman과 프랭크 말로는 거의 전적으로 야생 먹거리를 채집하면서 살아가는 하드자족 사이에서는 허리-엉덩이 비율이 매력을 판단하는 데 영향을 미치지 않는다는 것을 발견했다. 그 대신 하드자족은 매력과 건강, 배우자로서 바람직함을 선택할 때 허리-엉덩이 비율과 무관하게 중간 체중보다 과체중을, 저체중보다 중간 체중의 선그림을 선호했다. 2년 뒤 발표한 두 번째 연구에서 말로와 웨츠먼은 새로운 선그림 세트를 이용했는데, 몸무게는 그대로이고, 허리-엉덩이 비율만 변화를 준 것이었다. 하드자족 남자는 허리-엉덩이 비율이 높은 몸매를 선호했는데, 두 인류학자는 그렇다 해도 이는 하드자족이 몸무게가 많이 나가는 여자를 선호하기 때문일 것이라고 주장했다.

일단 수문이 열리자 온갖 모순되는 연구 결과가 나오기 시작했는데, 이제 더는 부족이나 수렵채집인 인구 집단에 국한되지 않았다. 에이드리언 펀햄과 동료들은 우간다인이 선그림의 매력을 평가할 때 허리-엉덩이 비율 0.50에 가장 높은 점수를 매겼음을 발견했다. 처음에는 당혹스러운 결과처럼 보였다. 왜 우간다인만 0.50을 매력적으로 여기는 반면, 그리스인이나 영국인은 '진화심리학'의 가설에서 예측한 대로 0.70에 최고 점수를 주었을까? 우리는 이미 메건 히니와 러셀 그레이의 연구에서 이런 선호에 대한 비진화론적·생물학적 설명을 접한 바있지만, 여기 또다른 설명이 있다. 편햄과 동료들은 0.50의 비율은 허리가 아주 가늘고 엉덩이가 커야만 가능한 수치인데, 커다란 엉덩이는 몸무게가 많이 나간다는 인상을 준다고 주장했다. 따라서 0.50에 대한 선호는 우간다인 실험 참가자들이 몸집이 큰 몸매를 선호한다는 것으로 설명할 수 있다. 그들은 몸무게가 매력 등급에 미치는 효과를 볼 때 바로 그런 선호를 발견한 것이다. 그리스인과 영국인 참가자들은 이와 대조적으로 저체중 몸매를 선호했다. 하지만 이런 효과를 발견하기 위해 먼 나라까지 갈 필요는 없다. 레이철 프리드먼Rachel Freedman과 연구팀은 아프리카계 미국인 남성 사이에서 이와 비교할 만한 데이터를 발견했다. 그들은 허리-엉덩이 비율이 아주 낮은(그리고 몸무게가 많이 나가는) 몸매를 여성적 미의 이상형으로 선택하는 듯 보인다.

과학사에서는 지적 관념의 점진적인 변화보다 더 흥미롭고 만족스러운 현상이 몇 가지 있다. 스티븐 제이 굴드가 생물학자 장 바티스트 라마르크Jean Baptiste Lamarck에 관한 매혹적인 이야기인 〈파리에서는 나무가 자란다A Tree Grows in Paris〉에서 말하는 것처럼, "처음 문제를 인식한 순간부터 선호하는 체계 안에 적응을 시도하고, 상당한 변화에 다양한 정도로 개방되고, 때로는 가장 유연하고 용감한 이들 사이에서 전향이 이루어진다." 이런 논쟁의 일부에 참여한 연구생으로서 나는 이런 변화에 기여하는 요인들을 고찰하는 작은 즐거움을 누렸다. 새로운 데이터가 나오고, 새로운 이론이 세워지거나 수정되며, 실패한 전략이 버려진다. 유감스럽게도, '진화심리학자'들은 자신들의 허리-엉덩이 비율 이론이 직면하는 문제를 인식했으면서도 자신들의 견해를 구원하려고 계속 노력한 한편, 전향이 이루어지는 경우는 여전히 드물다.

1990년대 말 무렵, 각기 다른 문화에서 선호의 불변을 부정하는 이야기가 나오기 시작하는 가운데 '진화심리학자'들은 수많은 대안적 설명을 내놓기 시작했다. 그중 첫 번째는 문화 간 차이가 자녀 성별의 예측 지표로 허리-엉덩이 비율을 적용한다는 것이었다. 그들은 임신 전에 높은 허리-엉덩이 비율은 사내아이를 낳을 것이라는 좋은 예측 지표라고 주장했다. 따라서 남아를 선호하는 문화에서는 중성형 몸매가 매력적인 것으로 평가된다는 것이다. 이런 견해를 뒷받침하기 위해 활용된 연구들은 언뜻 보면 완벽하게 타당한 것 같다. 연구자들은 자녀를 낳은 여성의 허리-엉덩이 비율을 측정한 뒤 이 측정치와 아들 수의 상관관계를 찾는다. 이 과정에서 연구자들은 대개 허리-엉덩이 비율이 높은 여성이 아들이 더 많으며, 따라서 허리-엉덩이 비율이 높은 여성에 대한 선호는 아들, 또는 적어도 테스토스테론 수치가 높은 자녀 선택으로 귀결된다는 사실을 발견한다. 하지만 토비와 동료들이 주장하는 것처럼, 문제는 남아를 임신하면 여아를 임신하는 것과는 다른 방식으로 허리-엉덩이 비율이 바뀔 수 있으며, 따라서 허리-엉덩이 비율이 높은 것은 자녀의 원인이 아니라 결과일 수 있다는 것이다. 임신 이전 허리-엉덩이 비율과 자녀 성별의 예측력을 시험하기 위해 토비와 연구팀은 임신 계획이 있는 여성 400여 명의 허리-엉덩이 비율을 측정한 뒤 이 측정치와 이후 태어난 자녀의 성별의 상관관계를 살펴보았다. 간단히 말하면, 아무런 상관관계도 발견되지 않았다. 허리-엉덩이 비율은 미래 자녀의 성별을 예측해 주지 않는다.

허리-엉덩이 비율에 대한 선호에서 문화 간 차이가 생기는 이유에 대한 두 번째 설명은 인류학자 로런스 스기야마Lawrence Sugiyama가 제안한 것이다. 스기야마는 허리-엉덩이 비율 가설의 비교문화 실험은 지역별 조건에 따라 조정하지 않은 자극을 사용했다고 예리하게 지적했다. 기생충 부하parasite load(인체에 감염된 기생충의 숫자와 독성을 수치화한 것.─옮긴이)와 섬유질 음식 같은 조건들(부족 집단에서 흔히 발견된다) 때문에 허리-엉덩이 비율이 높아질 수 있기 때문이다. 더욱이 짝 선택은 지역적 조건에 맞게 조정해야 하며, 남성의 마음이 갖고 있는 허리-엉덩이 비율 선호 기제는 어떤 것이든 여성의 허리-엉덩이 비율의 지역적 분포를 평가하며, 조건이 변화함에 따라 재조정하게 된다. 따라서 특정한 허리-엉덩이 비율 값이 문화를 가로질러 획일적으로 선호된다고 예상하는 대신, 연구자들은 '지역적 평균보다 낮은' 값이 매력적일 뿐이라고 예상해야 한다.

따라서 스기야마는 에콰도르 아마존에 사는 채집인 부족인 시위아르족의 허리-엉덩이 비율의 지역적 분포를 측정한 뒤, 시위아르족 남자들이 자신의 가설과 일치하는 방식으로 허리-엉덩이 비율을 활용한다는 것을 발견했다. 그들은 허리-엉덩이 비율이 '지역 평균보다 낮은' 여성들을 선호했다(싱은 인도 남부의 수갈리족과 야나디족에게서 이와 비교할 만한 데이터를 제시한 바 있다). 이제 이 가설과 그 결과로 나온 데이터는 본질적으로 그럴듯해 보인다. 하지만 내가 이의를 제기하는 것은 이것이 스기야마와 싱이 공히 주장하는 것처럼 인류의 진화사가 낳은 결과라고 기대하거나 남성이 낮은 허리-엉덩이 비율의 매력을 평가하는 '정신적 기제'를 갖고 있다고 기대할 이유가 전혀 없다는 것이다. 그리고 설령 이런 기제가 존재한다는 데 동의한다 하더라도 왜 다른 곳, 예컨대 미디어에서 본 이미지를 평가해서는 안 되는지는 분명하지 않다. 앞 장 마지막 부분에서 살펴본 것처럼, 관찰 가설—전형적인 여성의 모습이 여성의 아름다움과 연결되는 한편, 전형적인 남성의 모습이 남성의 아름다움과 연결된다는 가설—은 '지역 평균보다 낮은' 결과를 제대로 설명할 수 없다. 물론 우리는 허리-엉덩이 비율이 지역 평균보다 낮은 여자를 매력적이라고 여긴다. 바로 이것이 여성성에 관한 우리의 관념을 규정한다.

이 연구들과는 다소 다른 문제도 존재하는데, 이는 허리-엉덩이 비율의 효과는 몸무게를 엄격하게 통제할 때에만 뚜렷하게 나타난다는 것이다. 여성은 지역 여성 평균보다 허리-엉덩이 비율이 더 낮아야 하며, 또한 상대 남성들이 매력적이라고 여기는 특정한 몸무게여야 한다. 〈밀로의 비너스〉는 지역 평균보다 허리-엉덩이 비율이 낮다고 봐도 무방하지만, 우리가 그녀를 아름답다고 여기는 것은 오로지 매력적인 몸무게 범위에 속하기 때문이다. 그리고 토비와 그의 동료 피어스 코널리슨Piers Cornelissen이 주장한 것도 바로 이것이다. 각기 다른 문화의 관찰자들에게 여성 몸매의 매력을 평가해 달라고 요청할 때, 우리는 사실 체질량지수(허리-엉덩이 비율과 혼동하는)에 대한 우리의 판단에 근거하는 것이다. 하지만 우리가 체질량지수를 여성의 생식력과 건강의 단서로 활용한다 하더라도, '진화심리학'에서 예측하는 것처럼, 모든 종족 집단과 환경에 대해 동일한 이상적인 체질량지수를 기대해서는 안 된다. 다르게 말해 보자면, 각기 다른 종족 집단은 건강과 생식력을 위한 상이한 최적의 체질량지수를 갖고 있다. 그리고 우리가 몸무게를 생식력과 건강의 단서로 활용하는 한, 각기 다른 종족 집단에서 몸무게에 대한 선호가 달라질 것이다.

가장 불온한 고전인 《군주론^{Il Principe}》에서 니콜로 마키아벨리^{Niccolò Machiavelli}는 통치하거나 장차 통치하게 될 군주는 언제나 전쟁을 벌일 준비를 해야 한다고 말한다.

모름지기 군주는 전쟁과 전쟁의 규칙 및 훈련을 연구하는 것 외에 다른 어떤 목적도, 다른 어떤 생각도, 다른 어떤 선택도 추구하지 않아야 한다. 왜냐하면 전쟁이야말로 통치하는 사람에게 적합한 유일한 기술이기 때문이다. 또한 전쟁은 군주로 태어난 사람들을 떠받쳐 줄 뿐만 아니라 종종 사적인 위치에 있는 사람들을 군주의 지위로 올려 주는 그러한 덕이기도 하다. 반대로 군주가 군대보다는 삶의 달콤함을 더 생각할 때 자신의 국가를 잃는다는 것을 알게 된다.

그리고 별 생각 없이 폭격하고 약탈하고 학살하는 현대의 군주들을 위해 마키아벨리는 다음과 같이 조언한다.

현명한 군주라면 모름지기 (⋯) 평화 시에도 결코 나태해 지지 말고 역경 속에서 활용할 수 있는 방식으로 근면하게 자원을 늘려야 한다. 그래야 운이 바뀌더라도 역경에 맞설 준비가 되어 있을 테니까.

마키아벨리는 당대의 실제 군주에게는 거의 영향을 미치지 못했지만, 1629년 페테르 파울 루벤스Peter Paul Rubens가 에스파냐 와 영국 사이에 평화를 보장하기 위해 런던에 도착했을 때, 그 는 전쟁을 흠모하는 분명히 마키아벨리적인 세계에 직면했다. 어쨌든 당시 유럽은 30년 전쟁을 벌이는 중이었고, 용병과 질 병과 기근이 대륙 전역으로 거침없이 퍼져 나갔다. 루벤스는 전쟁에 휩싸인 세계에서 진정한 중재자였다. 런던에서 그가 할 일은 영국과 에스파냐 대사들이 대화를 나누도록 주선하는 것 이었는데, 양국 대사가 대화를 나눈 뒤 1630년 11월 15일에 미 약하나마 강화조약이 체결되었다. 하지만 루벤스는 단순한 외교관이 아니었다. 그는 아마 렘브란트 하르먼스 판레인Rembrandt Harmensz van Rijn과 더불어 17세기 유럽 미술사에서 가장 위대한 화가로 손꼽힐 것이다. 그가 그린 〈마르스에 맞서 팍스를 지키는 미네르바Minerva Protects Pax From Mars〉(1629~1630년경)(183쪽 [그림 8])는 찰스 1세에게 선물로 바친 작품인데, 전쟁과 평화에 대한 희망 섞인 알레고리였다. 팍스(평화)는 풍만한 루벤스식 누드로, 부의 신인 어린 플루토스에게 젖을 내준다. 팍스 오른편에서는 지혜의 여신 미네르바가 전쟁의 신 마르스와 전쟁의 여신 알렉토를 쫓아낸다. 하지만 부 말고도 평화가 길러내고 전쟁이 파괴하는 다른 이익이 있다. 우리 시대를 암시하는 강력한 알레고리 속에서 전쟁은 예술과 문화를 파괴하며(바그다드의 이라크 국립박물관에서 사라진 보물들을 생각해 보라), 아이들을 죽인다(이라크와 아프가니스탄에서 발생한 수많은 사망자를 기억하라).

수년간 루벤스는 여러 차례 자신의 알레고리를 되풀이했다. 현재 피렌체 피티 궁전에 소장된 작품으로, 피카소가 〈게르니카Guernica〉의 모델로 일부 참조한 〈전쟁의 결과The Consequences of War〉(1637~1638년경)에서 마르스는 이제 더 이상 억제되지 않으며, 모든 좋은 것들―음악, 문학, 인간 생활―이 파괴되었다. 하지만 루벤스는 알레고리 화가를 훌쩍 넘어섰으며, 그의 다른 그림들의 우아함을 무시한다면 엄청난 불행일 것이다. 루벤스는 런던에서 돌아오자마자 젊은 엘렌 푸르망과 결혼했는데, 그의 많은 작품에 그녀의 매력이 반복해서 등장한다. 이 작품들 가운데 나는 특히 〈아프로디테로 분한 엘렌 푸르망Hélène Fourment as Aphrodite〉(1630)(184쪽 [그림 10]), 〈파리스의 심판The Judgement of Paris〉(1632~1635년경)(183쪽 [그림 9]), 〈미의 세 여신The Three Graces〉(1639)(185쪽 [그림 11])을 높이 평가한다. 이 그림들은 특히 현대인의 눈으로는 이따금 감상하기가 어렵다. 부끄러운 줄 모르고 큰 몸집을 드러낸 채 장난치며 노는 풍만한 여자들은 오늘날 우리를 둘러싼 우상화된 여성의 날씬함에 비추면 불호의 대상이다. 어느 정도인가 하면 우리는 육감적인 여자를 '루벤스풍Rubenesque'이라고 부른다. 하지만 루벤스가 풍만한 몸매를 흠모한 것이 그의 눈이 독특한 탓이었다고 말하지 않기 위해서는 엘렌 푸르망이 흔히 당대 트로야의 헬레네로 여겨졌다는 점을 언급해야 한다. 그녀의 통통한 몸이 널리 인정받았음을 의미한다. 루벤스는 또한 자클린 부쇼소피크Jacqueline Bouchot-Saupique — 루브르의 회화 큐레이터를 역임한 루벤스 연구자 —가 지적한 것처럼, 단순히 푸르망의 아름다움에 매료된 것만은 아니다.

루벤스가 두 번째 부인(푸르망)이 태어나기 전에 그린 몇몇 초기 작품에서 우리는 흥미로운 사실을 관찰할 수 있다.

이 그림들은 흔히 어여쁘고 통통하며 대단히 관능적인 젊은 여자를 묘사한다. 먼 훗날 그가 만나서 결혼하게 될 여인과 무척 닮은 여자다.

　루벤스는 여성의 아름다움에 대한 이상화된 관념을 관능과 풍만을 포함한 것으로 정의한 유일한 예술가가 아니었다. 15세기 이탈리아 화가 티치아노 베첼리오Tiziano, Vecellio(흔히 티치아노라고 한다)는 풍만한 여성의 몸매를 시간을 초월한 재현물로 남겼다. 루벤스는 그중 일부에 경탄했고, 아마 흉내 냈을 것이다. 그가 아프로디테를 그린 초기작 〈우르비노의 비너스Venus of Urbino〉(1538)와 〈오르간 연주자와 비너스와 큐피드Venus and Cupid with an Organist〉(1548)를 능가하는 풍만함은 아마 〈거울을 보는 비너스Venus with a Mirror〉(1555)(186쪽 [그림 12])일 테지만, 이 모든 작품은 티치아노에게 여성적 미의 절정의 화신이다. 사랑의 여신이 거울에 비친 자기 모습에 매혹된다는 주제는 르네상스와 바로크 시대에 공통된 테마였다. 티치아노의 〈거울을 보는 비너스〉에 흠뻑 빠진 루벤스는 말 그대로 거의 모사본을 그렸다. 그 후의 작품들에서 루벤스는 이 주제를 재해석하고 개인화했으며, 이 과정에서 더 인간적이고 풍만한 몸매의 비너스를 묘사했다. 후대의 예술가들도 마찬가지다. 프랑수아 부셰François Boucher의 회화(18세기 프랑스)는 풍만한 몸매의 여신들이 중심 무대를 차지하는 신화 속 낙원의 끝없는 연속이다. 렘브란트의 여자들은 풍만하고 벌거벗었으며 자유롭다. 에두아르 마네Édouard Manet의 〈풀밭 위의 점심식사Le Déjeuner sur l'herbe〉와 〈올랭피아Olympia〉(두 작품 모두 1863년작이다)는 이런 추세를 이어 간다. 그리고 물론 프랑스의 위대한 인상파 피에르 오귀스트 르누아르Pierre Auguste Renoir의 〈목욕하는 금발의 여인La Baigneuse blonde〉(1882)을 빼놓고는 이 목록이 끝나지 않을 것이다. 이 예술가들, 특히 루벤스와 티치아노에게 이상적인 여성은 성적 성숙의 증거, 그리고 동시에 모성, 즉 출산의 증거를 몸매로 보여주는 여성이었다는 의견이 있다. 이런 몸매는 우리에게 따뜻하고 편안한 느낌을 준다. 루벤스 이전에는 여성 누드의 아름다움은 이런 가능성에 좌우되었지만, 루벤스 이후 여성의 아름다움은 좀더 일반적으로 모성 없는 성적 매력에 의해 정의되었다.

문학에서 가져온 사례 하나를 덧붙이는 것으로 충분할 것이다. 빅토리아시대의 소설에서 신체적 외모는 인물을 묘사하는 주요한 수단이었고, 여성들에게 그런 정의는 여러 이상형의 기묘한 혼합이었다. 빅토리아시대 사람들은 날씬한(흔히 허약한), 금방이라도 기절할 듯한 미인을 이상화한 한편, 또한 튼튼하고 조각상 같은 여성을 흠모했다. 역사학자 아네트 페데리코Annete

Federico가 지적하는 것처럼, 후자의 여성상은 19세기 전반기에 더 인기를 끌었다.

> 19세기의 첫 10년간 여성의 몸은 (…) 면밀한 조사를 거쳤고, 여성 몸매의 기준이 되는 이상은 키가 크고 조직상 같으며 위풍당당하고 우아하고 세련된 몸이었다. (…) 날씬한 허리가 가장 '지나치다outre'고 여겨지는 반면, '통통한en bon point' 몸은 여성적 비례의 '최고점ne plus ultra(우뚝 솟은 다부진 여성을 의미한다)'이 된다.

많은 작가들이 이렇게 튼튼하고 몸집이 큰 여성을 받아들였다. 다만 훗날 인기를 끄는 좀 더 연약한 미녀와 비교하기 위해서였을 뿐이다. 샬럿 브론테Charlotte Bronte의 《제인 에어Jane Eyre》에서는 아담한 제인과 건장한 블랑슈 잉그램에게서 두 이상형이 대립물로 설정된다. 19세기가 지나면서 더 날씬한 이상형이 부상해서 여성은 무기력해야 한다는 빅토리아시대의 통념을 신체적으로 확증해 주었다. 여권 운동이 이제 막 뿌리를 내리기 시작하고 있었지만, 남성에게서 어떤 식으로든 독립하려고 하는 여성은 이미 섬뜩하고 불안정하며 심지어 제정신이 아니라고 여겨졌다. 공교롭게도 브론테의 《제인 에어》여주인공은—

아름답지는 않더라도—지적·정신적으로 우월한 여주인공을 선호하는 빅토리아시대의 미의 이상에 대한 의식적 거부였을 것이다.

이처럼 전통적으로 여성의 미의 이상에는 통통함의 통념이 포함되었다. 민족지학자와 인류학자들은 광범위한 문화권에서 이런 사실을 보여줄 수 있었다. 1952년, 클렐런 포드Clellan Ford와 프랭크 비치Frank Beach는 《성 행동의 양상들Patterns of Sexual Behivior》을 출간했다. 당시 존재하던 거의 200곳의 인간 사회와 쥐에서 침팬지에 이르기까지 많은 동물 종을 연구한 선구적인 저서였다. 성 행동의 생물학·심리학·사회학적 측면을 아우르는 이 책은 키스의 빈도, 매력의 기준, 동성애 등에서 문화권마다 폭넓은 변이가 나타난다는 것을 보여주는 증거를 제시했다. 성 행동 양상의 유사성은 오히려 매우 드물었다. 하지만 이 규칙에는 한 가지 예외가 있었다. 포드와 비치가 검토한 상이한 많은 문화권의 주민들은 통통한 여성에 대한 일반적 선호를 보여주는 듯했다. 많은 이들이 이미 추측한 내용을 확인해 주는 결과였다. 예를 들어, 사하라 사막 이남 아프리카의 투아레그족 사이에서는 최고의 미가 비만에 아주 가까웠고, 이런 목표를 달성하기 위해 여자애들에게 강제로 우유를 먹였다. 한편, 볼리비아의 시리오노족의 경우에는,

바람직한 성적 파트너—특히 여자—는 또한 뚱뚱해야 한다. 엉덩이가 크고 젖가슴이 큼직하면서도 단단해야 하고, 성기에 지방이 비축되어 있어야 한다. (…) 마른 여자는 (…) 뼈밖에 없다ikaNgi고 간단히 무시당한다.

그후 인도, 남중국, 푸에르토리코 등 광범위한 나라에서 이런 일반적 양상이 확인되었다. 에이드리언 편햄과 동료들은 케냐인들이 영국인에 비해 풍만한 여성의 몸매를 더 매력적으로 여기며, 우간다인 또한 비만인 여성의 몸매를 훨씬 더 좋다고 여긴다는 것을 발견했다. 남태평양에서 민족지학자들은 오래전부터 체지방과 위신 사이에 긍정적 연관성이 더 크다는 사실에 주목했다. 이를테면 앤 베커Anne Becker는 피지 남성들이 영국인에 비해 비만인 선그림을 더 좋아한다고 보고한 한편, 알렉산드라 브루이스Alexandra Brewis와 동료들이 최근 진행한 몇몇 연구에 따르면, 사모아인들은 뉴질랜드에 사는 사모아인에 비해 몸집이 큰 여성을 더 매력적으로 여긴다. 그리고 미국에서는 아프리카계 미국인들이 몸무게와 매력에 관해 백인과는 다른 태도를 갖고 있는 듯하다. 대체로 신체 비례가 더 큰 쪽을 선호한다. 하지만 대다수 전통 문화가 통통하고 풍만한 여성의 몸을 숭배하는 듯 보이는 반면, 서구의 이상형은 시간이 흐르면서 점점 날씬해졌다. 주로 미국과 영국에서 연구가 이루어졌지만 이런 현상이 두 나라에만 국한되지는 않는다. 대부분의 초기 연구들은 이런 차이를 기록하면서 '문화'의 효과가 어느 정도 존재한다고 말할 뿐, 그 이유에 대한 설명은 회피한다. 아름다운 몸 크기로 여겨지는 것의 가변성에는 생물학적 원인이 있을지 모른다. 상이한 종족마다 건강과 생식력을 위한 각기 다른 최적의 체질량지수가 존재한다면, 아름다운 몸 크기의 이상형도 그에 따라 달라진다고 예상해야 한다. 마틴 토비와 동료들이 2004년 초에 시험에 착수한 것도 바로 이런 발상에서였다.

우선 시험하기에 적합한 집단을 찾을 필요가 있다. 더 정확히 말하자면, 다른 종족에 속한 사람들이 우연히 같은 문화적 배경 안에서 사는 사례를 찾아야 한다. 실험 과학의 1차적 방법은 고대 로마 이래 알려진 '다른 모든 조건이 동일하다면ceteris partibus'이라는 원칙에 따라 이루어진다. 두 체계 사이에서 제어하는 차이를 파악하려면 다른 모든 특징은 상수로 유지해야 한다. 그래야 바뀌게 내버려 둔 유일한 요인이 차이의 원인임을 확인할 수 있기 때문이다. 예를 들어, 신체적 매력에 대한 평가에 알코올 섭취가 미치는 효과를 시험하려면, 우선 연령과 성별, 몸무게, 습관, 종족 등이 같은 사람들로 두 대조군을 구성해야 한다. 그런 다음 한 그룹에게 일정량의 알코올을 섭취한 뒤 여성의 몸을 찍은 일련의 사진에 등급을 매겨 달라고 하고, 두 번째 그룹에게는 술을 마시지 않은 상태에서 같은 작업을 해달라고 요청한다. 이 방법은 물론 완벽하지 않지만('다른 모든 조건이 동일하다'는 목표는 절대 달성할 수 없다), 한 그룹이 일정한 몸무게가 다른 것보다 더 매력적이라고 평가한다면, 알코올 섭취가 신체적 매력에 대한 판단에 영향을 미친다고 결론 내릴 수 있다. 문화가 아름다움에 대한 우리의 이상에 미치는 영향처럼 복잡한 문제를 이해하려고 할 때, '다른 모든 조건이 동일하다'는 것은 훨씬 더 어려운 목표가 될 수밖에 없다. 지금 우리 스스로 설계해서 상황을 조작할 수 없고, 우리의 실험적 소망에 규제받지 않는 상황 속에 있는 특정한 개인들을 연구해야 하기 때문이다. 우리가 직면한 문제가 바로 이런 것이었다.

서기 150년 무렵, 클라우디오스 프톨레마이오스^{Claudios Ptolemaeos}는 《지리학^{Geographike Hyphegesis}》을 완성했다. 당시 세계 지리에 관해 알려진 내용을 집대성한 책이었다. 프톨레마이오스는 주로 앞선 지리학자인 티레의 마리노스^{Marinos of Tyre}가 남긴 저작과 로마 제국과 고대 페르시아 제국의 관보에 의존했지만, 로마 제국의 경계를 넘어선 자료의 대부분은 신뢰할 수 없었다. 그는 자신이 다루는 사람이 사는 세계^{oikoumenè}가 지구의 4분의 1 정도만을 차지한다는 걸 잘 알았지만,《지리학》의 내용은 놀라울 정도로 자세했다. 대서양의 카나리아제도에서 중국까지, 북극에서 아프리카 깊숙이까지 다루는 범위가 넓었다. 프톨레마이오스가 그린 진본 지도는 지금까지 발견되지 않았고, 그의 이름이 담긴 세계 지도는 1300년 무렵《지리학》이 재발견되었을 때 지도 제작자들이 재구성한 것이다. 이 지도는 황금반도 Chersonesus Aurea(존 밀턴John Milton의《실락원Paradise Lost》에 나오는 용어로, 훗날 이사벨라 버드Isabella Bird가 1879년에 쓴 여행기의 제목으로 삼았다)를 간단하게 묘사한다는 점만으로도 매혹적이다. 아마 서양 세계에서 말레이반도를 처음 묘사한 지도일 것이다. 포위 공격과 약탈을 당한 뒤 식민지가 된 말레이시아—어쨌든 말레이반도는 프톨레마이오스의 말라카 해협Sinus Sabaricus을 지켜 주었고, 이는 중국과의 무역과 '동인도 제도'의 향신료로 이어졌다—는 오늘날 갈라진 나라다. 먼저, 남중국해에 의해 갈라졌을(나는 이 용어를 매우 느슨하게 사용한다) 뿐 아니라 종족적으로도 갈라져 있다. 19세기와 20세기에 저렴한 노동력 수요 때문에 중국과 인도 아대륙에서 수백만 명의 이주민이 강제로 몰려온 한편, 고무에 대한 식민적 수요 때문에 말레이 농민들은 땅에서 쫓겨났다.

이런 식민주의의 유산은 우리의 목적에 큰 도움이 된다. 우리는 동남아시아의 말레이인, 중국인, 인도인이 건강 위험에 대해 각기 다른 최적의 체질량지수를 갖고 있다는 것을 안다. 특히 영양학자 파울 되렌베르크Paul Deurenberg와 동료들은 '다른 모든 조건이 동일하다면' 인도인이 말레이인보다 건강에 좋은 최적의 체질량지수가 더 높다는 데이터를 제시한 바 있다. 또한 말레이인은 중국인보다 최적의 체질량지수가 더 높다. 아름다움에 대한 생물학적 해석에 따르면, 따라서 말레이시아의 말레이인, 중국인, 인도인은 몸무게에 대한 선호가 미미하나마 각기 달라야 한다. 세 종족 집단의 남녀에게 앞서 토비와 연구팀이 사용한 여성의 이미지에 등급을 매겨 달라고 요청했을 때, 우리는 신체적 아름다움에 대한 그들의 이상형이 전혀 차이가 없다는 것을 발견했다. 말레이시아 수도 쿠알라룸푸르에 사는 말레이인, 중국인, 인도인은 모두 여성의 체질량지수가 20 정도인 것을 비슷하게 선호했다. 앞서 영국에서 진행한 연구와 비교할 만한 결과다. 그렇다면 우리가 볼 때, 엄격한 생물학적 미의 모델은 별로 가치가 없다. 그런데 만약 아름다움이 우리 공통의 생물학, 또는 '진화생물학'의 용어로 하면 우리의 유전자에 있는 것이 아니라면, 어디에 있는 걸까?

처음 연구를 시작할 때 우리는 영국으로 이주한 말레이시아인들도 시험했는데, 그들 또한 영국인들과 몸무게 평가가 전혀 다르지 않았다. 하지만 우리는 또한 다른 두 그룹도 시험했다. 두 그룹 모두 종종 도외시되는 말레이시아의 동쪽 절반인 사바주에 사는 이들이었다. 첫 번째로 모집한 그룹은 반쯤 산업화된 코타키나발루시에 사는 사람들이었고, 두 번째 그룹은 주로 코타키나발루 교외의 농촌 지역에 사는 농민이었다. 바로 여기서 상황이 좀 흥미로워졌다. 우리가 주목한 첫 번째 현상은 모든 사례에서, 즉 영국이나 쿠알라룸푸르나 사바 어디서든, 시험 참가자들은 언제나 여성의 신체적 매력을 허리-엉덩이 비율이 아니라 몸무게에 근거해서 평가하는 듯 보였다. 다른 증거가 필요하다면, 여기 허리-엉덩이 비율은 여러 문화권에서 여성의 매력을 나타내는 매우 미약한 지표임을 보여주는 증거가 있었다. 하지만 더 흥미롭게도, 우리는 코타키나발루―2차대전 당시에 거의 완전히 파괴되어 최근에야 유의미한 소생의 기미를 보이는 도시―의 참가자들이 쿠알라룸푸르나 영국의 말레이시아인에 비해 체질량지수가 높은 여성을 더 매력적이라고 평가한다는 것을 발견했다. 더욱이, 농촌의 사바 사람들은 코타키나발루의 참가자들보다 체질량지수가 높은 여성을 선호했다. 그들은 또한 몸무게와 나란히 허리-엉덩이 비율이 높을수록 더 매력적이라고 평가하는 듯 보였다.

우리가 발견한 내용은 새로울 게 없었지만, 마침내 우리는 그 내용을 뒷받침하는 체계적인 증거를 제시한 셈이었다. 포드와 비치가 오래전에 암시한 것처럼, '다른 모든 조건이 동일하다면' 우리가 매력적인 여성의 몸무게라고 규정하는 것은 사회경제적 발전과 일치해서 바뀐다는 것이다. 하지만 만약 아름다움이 우리의 생물학에 새겨져 있는 것이 아니라면, 우리가 이상적으로 여기는 아름다움은 변화하고 유연하며 따라서 다른 요인의 영향을 받는다는 것이 입증되어야 한다. 그리고 바로 이것이 우리가 발견한 결과였다(지금은 에이드리언 펀햄, 로실라 망갈파사드Roshila Mangalparsad, 마틴 토비, 그리고 나로 이루어진 한층 확대된 연구팀에서). 남아프리카 동부 연안 농촌에 사는 줄루족은 지금까지의 연구에서 가장 무거운 몸무게를 가진 여성을 매력의 이상형으로 유지한다. 그들이 이상적이라고 보는 여성의 체질량지수는 과체중 범위에 속하는 것으로 보인다(25~29.9kg/m^2). 하지만 더 나아가 비만한 여성(30kg/m^2 이상)에 대한 그들의 평가는 과체중 체질량지수 범주에 속하는 여성들에 대한 평가와 크게 다르지 않다. 그렇지만 남아프리카 줄루족이 영국으로 이주하면, 이상형에서 뚜렷한 변화를 보인다. 과체중, 그리고 특히 비만 여성은 이제 더 이상 긍정적으로 평가받지 못한다. 그렇긴 해도 이런 평가는 여전히 영국 백인과 아프리카 혈통 영국인의 평가보다 더 높다. 짐작건대, 이번에도 역시 '다른 모든 조건이 동일하다면' 그들이 새롭게 속하게 된 문화적 배경, 사회경제적 발전이 확대되는 뚜렷한 이동으로 특징지어지는 어떤 요인 때문에 신체의 아름다움에 대한 이상이 바뀌었으며, 조만간 그들도 영국에 사는 다른 줄루족과 똑같은 선호를 보일 것이라고 기대할 수 있다. 여기서 나는 프랑스의 장군이자 작가인 피에르 쇼데를로 드 라클로^{Pierre Choderlos de Laclos}가 쓴 한 구절이 떠오른다.

아름다움은 우리가 익숙하게 보는 일련의 특징들로 대표되며, 우리는 나라를 바꾸기만 하면 된다. 예를 들어 프랑스인을 기니로 보내 보라. 처음에는 흑인 여자들의 면면을 보고 불쾌해할 것이다. 여자들의 생김새가 익숙하지 않아서 어떤 관능적 기억도 불러일으키지 않기 때문이다. 하지만 여자들한테 익숙해지는 순간 이제 더는 불쾌감을 느끼지 않을 것이며, 따라서 여전히 그 여자들 중에서 유럽의 미적 기준에 가장 가까운 이를 선택하겠지만, 모든 곳에서 아름다움의 표시인 신선함과 키와 힘에 대한 취향을 재발견하게 될 것이다. 더욱이 점차 그 여자들에게 익숙해짐에 따라 조만간 결국 그때쯤이면 오직 모호한 기억만 갖고 있는 특징보다 매일같이 보는 미적 특징을 선호하게 될 것이다. (…)

이렇게 하여 아름다움의 많은 해석과 남자들의 취향에서 분명히 드러나는 모순들이 탄생한다.

이것은 또한 단순히 비유럽적 또는 완전히 '문화적인' 현상이 아니다. 아마 유럽에 남아 있는 최후의 원주민일 스칸디나비아의 사미족은 헬싱키에 사는 핀인(그들은 영국인과 똑같은 이상을 유지한다)보다 훨씬 많이 나가는 여성의 몸무게를 이상형으로 본다. 마찬가지로, 우리는 레즈비언이―이성애자 남녀와 똑같이―잠재적 파트너의 매력을 주로 몸무게에 근거해서 평가하는 한편, 그럼에도 불구하고 이성애자에 비해 몸무게가 많이 나가는 여성을 더 매력적으로 여긴다는 것을 발견했다. 이 연구 결과는 일부 연구자들이 시사한 것처럼 레즈비언이 이성애자보다 대체로 몸무게가 많이 나가며, 따라서 자신의 체형과 더 비슷한 몸매를 선택하는 탓으로 돌릴 수 없다. 우리가 조사한 표본은 모두 체질량지수가 비슷했다. 그리고 에이드리언 펀햄과 마틴 토비, 그리고 나는 우리의 많은 학생 및 동료들과 함께 다른 많은 문화권에서도 이런 일반적인 양상이 나타난다는 것을 보여준 바 있다.

하지만 약간 복잡한 문제가 하나 있었다. 우리가 시험한 모든 나라에서 관찰자들은 주로 체질량지수에 근거해서 매력을 판단하는 듯 보였지만, 일부 사례에서는 허리-엉덩이 비율이 우리가 영국에서 대체로 발견한 것보다 훨씬 더 큰 역할을 하는 듯했다. 확실히 우리는 이상적 몸매가 시간이 흐르면서, 그리고 문화권에 따라 바뀐다는 증거를 알고 있었지만, 왜 어떤 맥락에서는 매력에 대한 우리의 평가가 몸매에 크게 의존하고 다른 맥락에서는 그렇지 않았던 걸까? 한 가지 가능성은 매력에 대한 평가에서 몸매의 중요성이 성역할과 관련이 있다는 것이다. 전통적인 의미에서 '남성적인' 남자는 젖가슴이 큰 여자를 더 선호하는 반면, 큰 가슴을 선호하는 여자는 전통적으로 여성적이라고 간주할 수 있는 흥미로운 양상을 갖고 있다. 게다가 1975년 수행한 연구에서 폴 라브라카스Paul Lavrakas는 전통적인 여성적 성역할을 받아들이는 여자는 남성적인 남자의 체격을 더 선호한다는 것을 보여주었다. 이 연구들을 종합해 보면, 전통적 성역할을 받아들이는 사람들은 '전통적인' 의미에서 매력적이라고 정의되는 몸매, 여자의 모래시계 몸매와 남자의 근육질 몸매를 선호한다는 것을 알 수 있다. 이와 대조적으로, '해방된' 성역할을 받아들이는 사람들은 그만큼 정형화된 선호를 갖고 있지 않다.

헤이르트 호프스테더Geert Hofstede의 작업이 신체적 매력에 관한 우리의 연구와 관련 있음이 금세 분명해졌다. 호프스테더는 일종의 남성성-여성성 차원이 개인뿐 아니라 나라마다 다르며, 개인은 남성적 속성과 여성적 속성을 두루 가질 수 있지만, 한 나라의 문화는 남성적이거나 아니면 여성적이라고 주장했다.

남성성은 남자들이 적극적이고 강인하고 물질적 성공에 집착하는 반면 여성은 겸손하고 부드럽고 삶의 질에 관심을 기울이는 사회를 상징한다. 반대편 극단인 여성성은 남녀 모두 겸손하고 부드럽고 삶의 질에 관심을 기울이는 사회를 상징한다.

호프스테더는 세계의 많은 나라를 위한 '남성성 지수masculinity index'를 개발했는데, 이는 각기 다른 국가 문화를 몸매 선호를 기준으로 분류할 수 있는 한 가지 방법을 제시해 주었다. 영국(호프스테더의 지수에서 성역할이 최소화된 상황을 대표하는 나라)과 그리스(성역할이 상대적으로 차별화된 나라)에서 매력 평가를 비교했을 때, 우리는 그리스인들이 영국인보다 여성 몸매의 매력을 평가할 때 외형 신호에 더 의존한다는 것을 발견했다. 하지만 두 그룹 모두 여전히 주로 체질량지수에 근거해 신체적 매력을 평가했다. 마찬가지로, 편햄과 동료가 덴마크(상대적으로 성역할 정형화가 덜한 나라)와 포르투갈(상대적으로 성역할 정형화가 심한 나라)

에서 몸매에 대한 지각을 비교했을 때, 그들은 포르투갈 참가자들이 덴마크 참가자들에 비해 전통적으로 곡선미가 있는 여자와 근육질 남자를 더 선호한다는 것을 발견했다. 이와 대조적으로, 덴마크인들은 남녀 모두에 대해 '여윈' 몸매(엉덩이가 작은)를 더 선호했다.

이 연구들은 매력에 대한 우리의 평가가 또한 집합적 성역할의 영향을 받을 수 있다는 것을 시사한다. 일부 나라에서 여성에게 더 자유로운 성역할이 주어지면 여성은 더 여윈 몸매를 얻기 위해 노력하며, 그 결과 다른 사람들도 여자들이 그런 몸매와 관련된 특징이 있다고 지각하게 된다. 브렛 실버스틴Brett Silverstein과 동료들이 제시한, 가늘고 여윈 몸매와 고위직 고용 사이의 연관성에 관한 통념도 이 연구 결과와 일치한다. 직업적으로 진지하게 인정받으려고 노력하는 여자들에게 마른 몸매가 더 인기를 누리는 것이다. 이런 몸매가 성공과 결부된다고 지각되기 때문이다. 그리하여 남자들도 전통적인 몸매에서 여윈 몸매로 바뀌는 이런 선호를 따른다. 이런 몸매가 더 '해방된' 문화에서 남녀 간의 권력 균형에 직접적 영향을 많이 미치기 때문이다. 이와 대조적으로, 성역할이 정형화된 나라들에서는 사람들이 남녀 간에 존재하는 권력 균형과 현 상태를 유지하는 수단으로 전통적인 몸매에 대한 선호를 보여주게 마련이다.

그렇다면 일반적으로 우리의 연구 결과가 시사하는 바는 몸무게의 이상형이 대단히 가변적이라는 것이다. 보편적으로 아름다움을 규정하는 '황금수'란 존재하지 않으며, 어떤 사람이 아름답다고 말할 수 있는 단일한 체질량도 존재하지 않는다. 요컨대, 매력에 관한 우리의 이상은 우리의 유전자에 의해 결정되는 것 같지 않다. 아름다움이 항상적이고 보편적이라는 지배적인 통념에 대한 이의 제기만으로도 이런 사실은 강조할 가치가 있다. 하지만 이런 현상을 기록하는 것보다 설명하는 것이 훨씬 어려웠다. 날씬한 이상형을 선호하게 만드는 특정한 문화적 배경, 상대적으로 높은 사회경제적 발전으로 특징지어지는 배경에 속한다는 것은 어떤 의미일까? 또는 거꾸로 통통함에 대한 선호를 자극하는, 상대적으로 낮은 사회경제적 발전으로 특징지어지는 배경에 속한다는 것은 어떤 의미일까?

1825년, 런던선교협회의 명망 있는 회원으로 1816년부터 남태평양에 살던 윌리엄 엘리스William Ellis 목사가 잉글랜드로 돌아와서 거의 곧바로 《하와이, 일명 오위히 여행기Narrative of a Tour Through Hawai'i, or Owyhee》를 출간했다. 1828년까지 여행기는 제5판을 찍었고, 이듬해 그는 《폴리네시아 연구: 남태평양 섬에서 6년 가까이 거주한 결과물Polynesian Researches: During a Residence of Nearly Six

Years in the South Sea Islands》을 내놓았다. 이 책은 처음에 두 권으로 출간되었다가 나중에《하와이, 일명 오위히 여행기》를 포함해 개정판으로 재출간되었다. 오늘날 남태평양에 관한 초기의 가장 중요한 민족지학적 연구로 손꼽히는 엘리스의《폴리네시아 연구》는 폴리네시아 섬들과 그 문화, 그 지역에서 선교를 시도한 역사에 관한 그의 백과사전적 지식을 자세히 담으려는 시도였다. 다양한 주제에 관한 정보를 한데 모으려 한 엘리스의 의도는 복음주의적인 것이었다. 그는 구제되지 않은 인간 본성은 성욕과 사악함의 끔찍한 덩어리라는 관념을 뒷받침하는 확실한 '증거'를 수집하고자 했다.

〔나는〕 다음의 연구에서 우상숭배의 본질적인 특징과 그것이 한 민족에게 미치는 영향, 그리고 발전한 상태의 사회에서는 구할 수 없는, 한 민족의 제도가 우상숭배의 본성과 경향을 지키기 위해 기능을 제공하는 단순함을 생생하게 드러낸다고 할 수 있는 수많은 사실을 보여주고자 한다.

《폴리네시아 연구》는 기독교 신앙의 신뢰성을 뒷받침하는 동시에 선교사 진출의 필요성을 증명하기 위해 이러한 '미개한' 문화를 원죄의 증거로 묘사하고자 한다. 하지만 엘리스가 이 문화들의 문자 기록을 보전하고자 하면서 이런 견해의 완고함은 어느 정도 뒤집어진다. 이 문자 기록은 그 함의상 이 문화들이 "구제되지 않은 지위"에도 불구하고 타당성이 있음을 인정하기 때문이다. 그리고 더 나아가 엘리스는 태평양 섬사람들의 지적 능력에 깜짝 놀란다. 예를 들어 소시에테제도 사람들은,

> 호기심과 탐구심이 놀라울 정도로 많으며, 폴리네시아의 다른 민족들에 비해 상당한 독창성과 기계 발명, 모방을 보유하고 있다고 할 수 있다. (…) 그들의 문명적 조직체의 독특한 특징(당당한 성격, 수많은 의식, 다양하게 분화된 신화), 그들이 섬기는 신들의 전설(시인들이 남긴 역사적 노래들), 민족 회합에서 이따금 나타나는 아름답고 비유적이며 열정적인 웅변, 그리고 무엇보다도 광범위한 숫자 사용과 더불어 언어의 방대함과 다양성·정밀성을 볼 때, 그들이 절대 얕잡아 볼 수 없는 정신적 역량을 갖고 있다고 결론을 내려도 무방하다.

하지만 유감스럽게도 이런 감탄은 그들의 도덕적 결함에 의해 무색해진다. "몇몇 회합에서 그들은 사람이 죄를 지을 수 있는 최악의 오염을 발견하기 위해 자신들의 발명품을 받침대에

올려놓고 서로 자기가 더 혐오스러운 짓을 하려고 기를 쓴 것으로 보인다." 이런 고백은 《폴리네시아 연구》의 아이러니를 여실히 보여준다. 이 책은 폴리네시아 문화에 관한 민족지학적 텍스트를 자처하면서도 19세기 영국의 추정과 편견, 그리고 제국의 확장을 통한 영국의 자기 증식 수단을 똑같은 정도로 드러낸다. 엘리스가 크게 흥미를 느낀 타히티의 의례 가운데 오늘날 우리가 '하아포리ha'apori'라고 부르는 것이 신체적 매력에 관한 우리의 연구에서 특히 중요하다. 보통 지체 높은 집안의 남녀를 골라서 친척들이 밥을 먹이고 신체적 활동은 최소화하는 식으로 일부러 살찌우는 과정을 거친다. 이 남녀들은 엄청난 양의 빵나무 열매를 생으로 발효시켜서도 먹는데, 바나나를 비롯한 다른 과일도 물에 섞어서 같이 먹는다. 어떤 집단이든 이렇게 격리시키는 기간은 빵나무 열매의 공급에 어느 정도 좌우된다.

후대의 관찰자들이 말하는 것처럼, 이 의례의 주요 목적은 살찌기 의례를 경험하는 이들의 성적 매력을 높이기 위한 것이다. 의례를 거친 이들은 특히 몸집 면에서 아름다움이 향상된 것으로 여겨졌다. 또한 빵나무 열매를 먹은 결과로 피부색이 밝아졌기 때문이기도 했다. 많은 민족지학자들이 수년간 관찰한 것처럼, 여기서 사회경제적 발전이 낮은 상황에서 큰 몸집을 존경하는 현상에 대한 가능한 설명을 발견하기란 쉽다. 식량 자원에 접근할 수 있는 사람들, 보통 지위가 높은 사람들만이 몸무게를 늘릴 수 있었을 테고, 남자든 여자든 식량이 남는 시기에 잉여 식량을 지방으로 저장할 수 있는 게 유리했을 것이다. 큰 몸집은 전통적으로 우두머리 지위, 즉 마나mana(권력)와 풍요를 표상하는 것으로 여겨졌기 때문에 비만은 개인이 지닌 높은 지위의 산물로 간주되었다. 모든 문화권이 통통한 몸을 이상형으로 여긴 것은 이 때문이다. 거꾸로, 많은 선진 산업국에서는 기름진 음식이 넘쳐나기 때문에 몸무게를 가볍게 유지할 수 있는 것은 사회경제적 지위가 높은 사람들인 반면, 비만은 가난, 즉 열악한 식습관 및 운동 부족과 연결된다.

아주 근래까지 부나 식량 같은 자원의 접근성과 몸무게 이상형을 연결시키는 이런 양상에는 뚜렷한 심리적 기제가 없었다. 단지 개인들이 배경 상황(한 나라나 지역, 부족이나 가족, 다양한 다른 종파일 수 있다)이 제공하는 집단적 자원을 직접 평가할 뿐이다. 하지만 심리학자들은 오래전부터 경제에 대한 우리의 지각은 어느 정도만 정확할 뿐이고 실제 경제 상황보다는 개인의 정치적 신념을 더 반영한다는 것을 알고 있었다. 그리하여 2005년, 심리학자 리프 넬슨Leif Nelson과 에번 모리슨Evan Morrison은 가능한 한 가지 해법을 제안했다. 그들은 집단적 자원 부족의 결과로 자원이 희소한 사회의 개별 성원들 자신의 자원이 부족할 수 있다고 주장했다. 더욱이 개인 차원의 자원 가용성과 관련된 정서적·생리적 상태는 집단적 자원 가용성에 관한 정보를 제공하며, 이는 선호를 구축하는 데에서 일정한 역할을 한다.

넬슨과 모리슨은 대단히 창의적인 일련의 연구에서 사람들의 재정 만족도나 배고픔(이 두 가지는 산업사회에서 개인적 자원의 대체물이 된다)을 조작하고 잠재적 파트너에 대한 선호를 측정하는 식으로 이런 발상을 시험했다. 아니나 다를까, 재정적으로 만족하지 못하고 굶주린 남자들은 각각 재정적으로 만족하는 남자들보다 몸무게가 많이 나가는 파트너를 선호했다(마틴 토비와 나는 그 후 독자적으로 설계한 방법을 통해 배고픔에 관한 이 연구를 확인했다). 따라서 자원 결핍에 관한 우리의 주관적 경험은 집단적 자원에 관한 단서를 제공하며, 우리는 이 단서들을 가지고 몸무게에 관한 우리의 선호를 구축하는 것으로 보인다. 앞의 사례를 활용해 보자면, 자원 부족이 더 일반적인 농촌의 상황에서 우리는 집단적 자원 가용성에 관한 정보를 이용해 더 많이 나가는 몸무게에 대한 선호를 구축한다. 이 발상이 흥미로운 것은 특정한 사례에서 마침내 매력에 관한 엄격한 수학적 함수로부터 벗어나게 한다는 점이다. 아름다운 몸무게는 집단적 자원 부족을 어떻게 처리하는가 같은 여러 조건에 따라 개인별로 크게 달라질 수 있다. 그리고 바로 이런 발상에 비춰 볼 때 우리는 많은 비교문화적 연구 결과를 설명할 수 있게 된다.

'진화심리학자'들은 자신들에게 동의하지 않는 이들을 그릇된 인식에 빠진 사회과학자라고 비난하는 습관이 있다. 인간의 마음은 어떤 종류의 인간 생물학에도 전혀 제약을 받지 않는 문화의 산물이라고 보는 '표준적 사회과학 모델Standard Social Sciences Model'에 집착한다는 것이다. 자원 부족에 관한 우리의 논의를 마치 인간의 마음을 문화가 자신의 메시지를 적을 수 있는 '빈 서판tabula rasa'으로 보는 견해의 산물인 것처럼 비난하기는 쉽다. 나는 마음을 빈 서판으로 보는 견해를 옹호하고 싶지 않다. 그리고 실제로 현대 심리학자들 가운데 그렇게 보는 이는 거의 없다. 인간은 분명 수백만 년의 진화사가 낳은 산물인 생물학적 존재다. 신체 대칭의 사례에서 본 것처럼, 어떤 경우에는 생물학적 측면에서 아름다움을 생각하는 게 유용할 수 있다. 하지만 또한 나는 우리 유전자 안에서 '인간 본성'을 발견할 수 있다는 '진화심리학'의 사고를 받아들이고 싶지 않다. 우리가 '빈 서판' 견해를 피하는 것처럼, 또한 우리는 우리의 유전자가 위대한 설계를 실행하기 위한 '수단'에 불과하다는 견해에서도 벗어나야 한다. 여기서 나는 '본성(우리의 유전자)'이나 '양육(문화)' 어느 쪽도 특권시하지 않는 가장 강력한 일반적 관점인 '발생계 이론development systems theory'이라는 이름의 급진적 견해의 지지자임을 밝히고 싶다.

이 이론의 요점은 다음과 같다. '인간이란 무엇인가'를 논할 때 다른 어떤 측면보다 한 측면(생물학)을 특권시할 정당한 근거는 전혀 없다. 상이한 문화들의 복잡성에서 어떤 일관성을 식별하는 것이 어려워 보일지 모르지만, 우리는 여전히 본질적으로 사회적 존재이며, 특정한 행동(예컨대 일정한 몸집을 이상화하는 것)을 종합적으로 이해하려면 그 행동이 이루어지는 배경이 되는 복잡한 현실을 어느 정도 분석해야 한다. 특정한 사회경제적 맥락에서 우리는 가장 기본적이며 사회적 삶의 많은 측면에서 널리 표현되는 일련의 가치와 관념을 확인할 수 있다. 이런 관념과 가치는 사회문화적·역사적으로 뿌리를 둔 일련의 과정과 실천을 통해 우리 각자에게 전달되는데, 이런 과정과 실천에는 교육제도 같은 제도와 언어 관습, 그리고 이런 문화적 가치에 근거한 미디어의 산물 등이 포함된다. 사회문화적으로 특수한 과정과 실천에 참여함으로써 우리는 이상적인 것(이상적인 몸무게 등)을 이해하고 느끼게 된다. 비슷한 믿음을 공유하는 개인들이 국지적 세계의 사회적 사건에서 상호작용하며, 이런 상호작용이 문화적 제도와 나란히 우리의 심리적 경험을 모양 짓는다. 이런 식으로 특정한 사회경제적 맥락에서 바람직한 것이 개인들의 눈에 바람직하게 나타나며, 문화적으로 의미 있는 것이 이 개인들에게 의미 있는 것이 된다. 그 결과 문화적 가치가 개인의 심리적 경향 속에서 내면화되고 재현되며, 개인들은 이런 가치를 이용해 자신의 행동과 선호를 인도한다.

이런 견해를 마른 몸에 대한 숭배는 흔히 어디에나 만연한 매스미디어가 퍼뜨리는 '서구적' 집착이라는 사고와 동일시하는 것은 솔깃하게 들린다. 매스미디어는 날씬한 몸매의 매력을 강조하는 반면 과체중 몸매는 부정적으로 정형화하기 때문이다. 나는 세계화된 미디어가 미치는 영향을 부정하지 않는다. 한 예로 말레이시아에서 경제 자유화가 매스미디어 규제 완화를 부추기고, 현재 매스미디어가 여성의 아름다움을 젊고 마른 여자와 동일시하는 강력한 이미지를 투사한다는 사실은 거의 의문의 여지가 없다. 하지만 아름다움에 관한 우리의 이상을 '서구화'나 매스미디어 탓으로만 돌린다면 그릇된 생각이다. 말레이시아의 사례를 계속 언급하자면, 급속한 산업화와 도시화는 교육·고용 기회·짝 선택·산아제한·법적 권리 등의 분야에서 말레이시아 여성들의 상황에 유례없는 변화를 가져왔다. 이런 변화들 때문에 젊은 여자들은 직업적 성취를 위해 노력하는 동시에 신체적 매력을 유지해야 한다는 요구에 직면하게 되었다. 그리고 점점 부유해지는 가운데 말레이시아의 비만율이 높아지고 있으며, 이런 변화는 마른 몸을 추구하고 뚱뚱한 몸을 부정적으로 보는 것을 정당화한다.

하지만 물론 말레이시아에서 성장의 혜택은 불균등하게 분배되며, 도시 여성과 농촌 여성의 사회적 역할은 무척 다를 수 있다. 어디에서 태어나고 거주하는지에 따라 말레이시아 여성은 매우 다른 삶을 영위하고 자신의 몸을 아주 다르게 경험할 수 있다. 교육, 경력 개발, 짝 선택을 누리는 젊은 도시 여성에게 날씬한 몸이 사회적 영역과 노동 관련 영역 모두에서 매력과 경쟁력을 상징하는 것은 당연하다. 이와 대조적으로, 말레이시아 농촌에서는 성별화된 사회적 제약이 상대적으로 부재하기 때문에 이런 상황에서는 통통한 몸이 여전히 부와 지위를 상징한다. 하지만 우리는 또한 개인이 사회적인 미의 기준을 아무 의심 없이 수용한다고 단정해서는 안 된다. 예를 들어, 레즈비언이 이성애자에 비해 몸무게가 많이 나가는 여자를 더 매력적으로 여긴다는 연구 결과를 떠올려 보라. 심리학자 로라 브라운Laura Brown이 주장한 것처럼, 이런 연구 결과에 대한 가장 그럴듯한 설명은 레즈비언들이 과체중 여성에 대한 폄하와 동일시하고(두 집단 모두 일정한 사회적 '규칙'을 위반한다), 따라서 사회적 미의 정의에 반대한다는 것이다. 레즈비언들은 단순히 정상적 편차의 몸무게를 일탈적이거나 매력이 없다고 정의하는 것이 아니다. 이런 견해를 뒷받침하는 증거도 존재한다. 이성애자 여성들과 비교할 때, 레즈비언은 몸무게와 식습관, 신체상body image(자기 몸에 관해 갖는 심상―옮긴이) 문제에 관심을 덜 나타낸다.

이는 우리의 진화적 유산을 부정하거나 심지어 아름다움의 존재를 부정하는 주장처럼 들리겠지만, 그렇지 않다. 매력의 기준은 분명히 존재하지만, 이 기준이 보편적으로 참이거나 불변한다고 믿어서는 안 된다. 사회과학자들('진화심리학적' 캐리커처가 아닌 진정한 과학자)이 수십 년간 씨름한 문제이자 내가 다음 장에서 다시 논의할 문제는 이런 것이다. 만약 아름다움에 관한 우리의 관념이 변할 수 있다면, 비현실적 기준에 이의를 제기하고 이 기준을 확장하고 다양화하는 것도 가능할까?

과학자들은 쉽게 발끈하는 집단일 수 있다. 고트프리트 빌헬름 폰 라이프니츠Gottfried Wilhelm von Leibniz는 수학자이자 철학자로 성공적인 경력을 누렸지만 말년에 이르러 아이작 뉴턴과 존 킬, 그 밖의 많은 이들과 긴 논쟁에 시달렸다. 그가 뉴턴의 연구와 무관하게 미분을 발견했는지, 아니면 뉴턴에게서 기본 발상을 얻어서 단지 다른 기호법을 고안한 것인지에 관한 논쟁이었다. 우선 라이프니츠의 선의를 의심할 이유는 없었고, 1704년 뉴턴의 구적법quadrature 논문에 관한 익명의 논평에서 뉴턴이 라이프니츠에게서 '미분' 계산 아이디어를 빌려왔다고 암시하는 말이 나오고 나서야 라이프니츠의 진실성 문제가 쟁점이 되었다. 뉴턴의 친구들이 바라본 이 문제는 1712년 런던왕립학회가 출간한《서한집Commercium Epistolicum Collinii & aliorum, De Analysi promata》에 요약되어 있다. 각종 날짜와 사실, 참고문헌이 수록된 서한집이다. 라이프니츠를 대변하는 요약본은 발표되지 않았고(요한 베르누이Johann Bernoulli가 뉴턴의 개인적 성격을 공격하는 식으로 증거를 간접적으로 약화하려고 시도하기는 했다), 1716년에 쓴 편지에서 라이프니츠는 자신의 침묵을 설명했다.

나를 겨냥해 출간된 모든 저작에 조목조목 응답하기 위해서는 지난 30~40년을 자세히 조사해야 할 터인데, 나는 기억나는 게 별로 없다. 오래전에 쓴 편지들을 찾아보아야 하는데 대부분 잃어버렸고, 더욱이 그 순간에는 관심도 없었다. 다른 편지들은 거대한 문서 더미에 파묻혀 있는데, 시간을 내서 인내심을 발휘해야만 파헤쳐 볼 수 있다. 하지만 내게는 한가한 시간이 별로 없다. 지금 당장 전혀 다른 문제에 몰두하고 있기 때문이다.

1716년 라이프니츠가 사망하자 수년간 격렬하게 벌어진 논쟁이 일시적으로 멈췄을 뿐이다. 나는 라이프니츠의 진실성에 대한 의문에 답하고자 하는 것이 아니라(각자 독자적으로 고안했다는 것이 현대의 중론이다), 그의 침묵이 적어도 어느 정도는 그의 낙관주의를 보여준다고 말하고 싶은 것이다. 라이프니츠는 1710년 저작 《변신론Essais de Théodicée sur la bonté de Dieu, la liberté et l'origine du mal》에서 처음 제시한 대로 세계에 존재하는 악은 하느님의 선과 충돌하지 않으며, 세계는 많은 악에도 불구하고 가능한 모든 세계 가운데 최선이라는 관념의 신봉자였다. 세계는 완벽한 하느님이 창조한 것이기 때문에 가능한 한 가장 좋고 가장 균형 잡힌 세계여야 한다.

필명 볼테르로 더 잘 알려진 프랑수아마리 아루에François-Marie Arouet는 "우리가 가능한 모든 세계 가운데 최선의 세계에 살고 있다"는 관념이 불합리하다고 보았다. 사실 너무도 불합리해서 불운한 라이프니츠를 패러디하는 소설을 쓸 정도였다. 《캉디드, 또는 낙관주의Candide, ou l'Optimisme》는 1759년 처음 나왔는데, 순진한 주인공 캉디드가 "모든 것은 모든 가능한 세계 가운데 최선인 이 세계에서 가장 좋은 것"이라는 사고를 처음 접한 뒤 그가 아무리 고수하려고 해도 이런 사고가 사실이 아님을 극적으로 증명하는 일련의 모험을 겪는 과정을 따라간다. 소설에서 라이프니츠는 캉디드의 스승인 철학자 팡글로스로 가장해서 나타나는데, 잇따라 불운과 불행을 겪으면서도 팡글로스는 계속해서 "모든 것이 최선"이며 자신은 "가능한 모든 세계 가운데 최선의 세계"에서 산다고 주장한다. 캉디드의 친구 자크는 폭풍을 만나 배 밖으로 내동댕이쳐진다. 캉디드가 소리를 지르기 시작하자 팡글로스가 캉디드를 막으면서 말한다. "리스본만은 특별히 〔자크가〕 빠져 죽게 만들어져 있다네." 이것이 우리가 모든 세계 가운데 최선의 세계에 살고 있다는 견해를 신봉하는 사람들을 가리키는 팡글로스주의Panglossianism라는 용어의 근원이다. 스티븐 제이 굴드와 생물학자 리처드 르원틴Richard Lewontin이 '진화생물학' 프로그램의 여러 측면을 묘사하는 데 사용하기도 했다.

하지만 볼테르는 단순한 소설가가 아니었다. 《캉디드》가 나오고 5년 뒤(볼테르는 이 소설을 자기가 썼다고 공개적으로 인정한 적이 없다. 책의 저자는 '랄프 박사Monsieur le docteur Ralph'라는 가명으로 되어 있다.) 그는 《철학사전Dictionnaire Philosophique》을 출간했다. 이 방대한 철학 저작은 그가 프랑스의 초기 백과사전인 《백과전서Encyclopédie》에 기고한 글들과 몇몇 짧은 글로 구성되었다. 아마 볼테르의 어떤 저작도 이만큼 분명하게 그의 악의를 나타내지 않을 것이다. 몇몇 글의 다양한 제목은 대개 성경이나 교회, 정치제도나 개인적 적수를 겨냥한 공격의 가리개다. 하지만 《철학사전》에는 또한 아름다움에 관한 아름답고 간결한 논문도 들어 있는데, 여기서 그는 아름다움은 상대적인 것이라고 준엄하게 주장한다.

두꺼비에게 어떤 아름다움이 '지고의 미'인지 물어보라. 두꺼비는 작은 두꺼비 머리에서 튀어나온 커다랗고 둥근 두 눈과 널찍하고 납작한 입, 누런 배, 갈색 등을 가진 자기 두꺼비 아내가 가장 아름답다고 대답할 것이다. 기니의 검둥이에게 물어보면, 그에게 아름다움이란 검고 매끈한 피부와 움푹 들어간 눈, 납작한 코일 것이다. 악마에게 물어보면, 그는 한 쌍의 뿔과 갈고리 발톱이 달린 네 발, 꼬리 하나가 아름다움이라고 말할 것이다.

하지만 철학자에게 아름다움이 무엇인지 물어보면 "그들은 횡설수설하며 답할 것이다. 본질적인 원형의 미에 들어맞는 무언가가 있어야 한다고." 어느 날 볼테르는 자신처럼 잉글랜드로 여행을 온 철학자를 만난다.

같은 작품이 완벽하게 번역되어 그곳에서 연주되었는데, 객석에 앉은 모든 사람이 하품을 했다. "허허!" 철학자가 말했다. "'지고의 미'가 영국인과 프랑스인에게 똑같지 않군요." 오래 숙고한 끝에 그는 아름다움은 대개 매우 상대적이라는 결론에 다다랐다. 일본에서 고상한 것이 로마에서는 외설적이고, 파리에서 유행하는 것이 북경에서는 전혀 유행하지 않는 것처럼 말이다.

이 모든 것 때문에 그는 아름다움에 관한 논문을 쓰지 않기로 결심한다.

1 〈민중을 이끄는 자유의 여신〉, 외젠 들라크루아 (본문 11쪽)

2 〈밀로의 비너스〉(본문 12쪽)

왼　쪽 3 〈메디치의 비너스〉(본문 27쪽)
오른쪽 4 〈도리포로스(창을 든 청년)〉(본문 49쪽)

5 〈비너스와 꿀을 훔치는 큐피드〉, 루카스 크라나흐 (본문 63쪽)

6 〈비너스의 탄생〉, 산드로 보티첼리(본문 63쪽)

7 〈빌렌도르프의 비너스〉(본문 130쪽)

8 〈마르스에 맞서 팍스를 지키는 미네르바〉, 페테르 파울 루벤스(본문 **142**쪽)
9 〈파리스의 심판〉, 페테르 파울 루벤스(본문 **143**쪽)

10 〈아프로디테로 분한 엘렌 푸르망〉, 페테르 파울 루벤스(본문 143쪽)

11 〈미의 세 여신〉, 페테르 파울 루벤스(본문 143쪽)

12 〈거울을 보는 비너스〉, 티치아노 베첼리오(본문 144쪽)

13 〈라오콘 군상(라오콘과 아들들)〉(본문 199쪽)

14 〈벨베데레의 아폴론〉 (본문 202쪽)

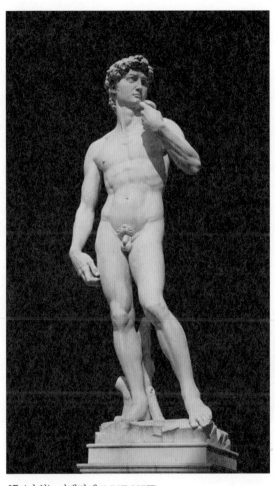

15 〈다윗〉, 미켈란젤로(본문 205쪽)

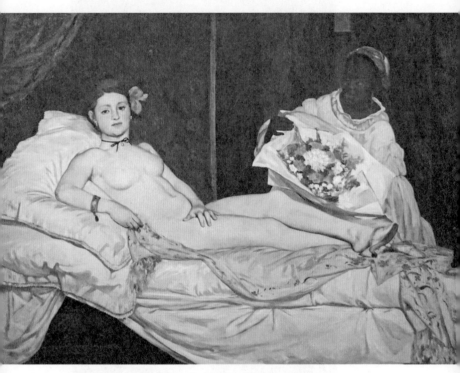

16 〈올랭피아〉, 에두아르 마네(본문 221쪽)

17 〈우르비노의 비너스〉, 티치아노 베첼리오(본문 **221**쪽)
18 〈비너스의 탄생〉, 알렉상드르 카바넬(본문 **221**쪽)

19 〈루이즈 르네 드 케루알, 포츠머스 여공작〉, 피에르 미냐르(본문 230쪽)

5장

빙켈만과 벨베데레의 아폴론

Winckelmann and the Apollo Belvedere

"이제 부모들이 아이들에게 일찍부터 가르칠 때다.
다양성 속에 아름다움과 힘이 있는 것이라고."

독자 여러분께 사과드린다. 우리의 논의는 인간의 신체적 매력에 관한 연구로 시작했지만, 여성의 아름다움에만 머물러 있었다. 고대 그리스의 비례에 관한 우리의 논의는 폴리클레이토스와 그의 창을 든 청년에서 시작했겠지만, 그 후 우리는 여성의 허리-엉덩이 비율과 몸무게만을 자세히 검토했다. 이렇게 많은 것을 간과한 데에는 여러 가지 이유가 있으며, 주된 이유가 신체적 매력에 관한 심리학 연구에서 남성이 훨씬 우위를 차지하고 있기 때문이라는 데에는 의문의 여지가 없다. 하지만 이런 생략의 배후에는 이론적 이유도 있다. '진화심리학' 주창자들은 남성과 여성이 진화사에서 서로 다른 문제에 맞닥뜨렸으며, 따라서 우리는 현대의 여성과 남성의 행동을 다스리는 '정신적 메커니즘'이 각기 다르다고 보아야 한다고 주장한다.

쟁점은 이런 것이다. 유성생식을 하는 거의 모든 종은 별개의 성별이 진화했는데, 작은 생식세포(정세포)를 생산하는 수컷과 큰 생식세포(난세포)를 생산하는 암컷으로 구별된다(생식세포, 즉 수컷의 정자와 암컷의 난자의 크기가 차이가 나는 것은 '이형접합 anisogamy'이라고 부르는 현상이다). 1970년대에 생물학을 정식으로 배우지 않은 하버드 대학원생 로버트 트라이버스Robert Trivers가 논문 몇 편을 써서 진화를 이해하는 방식을 영원히 바꿔 놓았다. 이 논문들 중 하나에서 트라이버스는 암컷은 수컷이 정세포 하나를 생산하는 데 투자하는 것보다 난자 하나를 생산하는 데 더 많은 물질과 에너지를 투자하기 때문에 더 제한된 자원을 형성한다. 따라서 수컷과 암컷의 짝짓기 전략은 이런 생리학적 차이에 의해 추동된다고 예상할 수 있다. 수컷은 암컷이 정자를 얻기 위해 경쟁하는 것보다 난자를 수정시키기 위해 더 격렬하게 경쟁해야 하는 반면, 암컷은 수컷보다 더 "까다롭게 골라"야 한다. 요컨대 수컷은 생식력 있는 암컷의 양을 놓고 경쟁하는 반면, 암컷은 수컷의 질을 놓고 경쟁한다.

하지만 이런 차이는 단지 저렴한 정자와 값비싼 난자가 만들어 낸 결과가 아니다. 포유류 암컷의 경우에 체내수정과 임신, 장기 수유의 비용이 특히 높아서 수컷의 경쟁성과 암컷의 까다로운 선택의 차이가 훨씬 커진다. 따라서 암컷의 생식 역량은 암컷의 전체적인 생리학에 의해 제한되는 반면, 수컷의 생식 역량은 주로 수컷이 성공적으로 수태시킬 수 있는 암컷의 숫자에 의해 제한된다. 그 결과 '진화심리학자'들이 즐겨 지적하는 것처럼, 생애 최대 생식 성공에서 막대한 차이가 나타난다. 17세기 말과 18세기 초 모로코 술탄인 잔혹왕 물레이 이스마일Moulay Ismail은 하렘에 거느린 여자들을 통해 자녀를 888명 두었다고 전해지는 반면, 여자가 세운 '기록'은 69명으로, 대부분 세 쌍둥이였다. 하지만 도러시 에이넌Dorothy Einon이 이런 신화를 무너뜨렸다는 사실을 언급해야 한다. 물라이 이스마일이 아무 제한 없이 기회를 누린 반면 여성은 월 주기에서 4~5일 동안만 생식 능력이 있음을 감안하면 완벽하게 타이밍을 맞춰야 했다. 통치 기간 동안 888명의 자녀를 낳으려면 40년간 매일 4.8명의 여성과 관계를 갖는 불가능한 위업을 이뤄야 했을 것이다. 그것도 매번 생식력이 좋은 정자를 생산해야 했다.

이 모든 사실이 현대의 남성과 여성에게 중요한 영향을 미친다. '진화심리학자' 데이비드 버스와 더그 켄릭의 말을 빌리면, "남성과 여성은 서로 다른 영역을 맡았고, 인류의 진화사에서 각 영역은 서로 다른 적응 문제에 직면했다." 그리하여 현대의 여성과 남성은 자신의 생식 성공을 극대화하려고 하는 과정에서 상이한 전략을 추구할 것이다. 정세포가 저렴하고 많은 남성은 최대한 많은 여성과 짝짓기를 하려고 한다. 반면 자녀 하나가 많은 투자를 요구하기 때문에 생식 잠재력이 훨씬 크게 제한받는 여성은 최고로 질 좋은 유전자를 가진 남성, 그리고 가능하면 자녀를 돌보는 데 기여할 의지가 있는 남성을 짝짓기 파트너로 얻는 데 관심을 기울인다. 하지만 남성은 여성에게 성적으로 접근하기 위해 다른 남성과 경쟁해야 하기 때문에 남성의 진화된 성향은 폭력과 경쟁, 위험 감수와 지위 추구를 선호하게 마련이다. 그리고 '진화심리학자'들이 볼 때, 이 때문에 남성이 사회에서 경제적·정치적 권력을 가진 지위를 차지하는 경향이 있다. 한편 여성은 가족을 부양하는 장기적 파트너에 대한 선호와 양육 성향을 발전시켰다. 그리고 이런 차이는 진화적 적응에서 나온 것이라고 가정되기 때문에 모든 사회에서 생겨날 것으로 예측된다. 문화를 가로질러 나타나는 보편적 현상인 것이다.

이 모든 것이 지배적 남성과 복종적 여성이라는 고정관념을 반영할 뿐이라고 보인다면, 독자 여러분, 걱정하지 마시라. 더 많은 내용이 있으니까. 남성은 생식력이 좋은 여성을 탐지하는 데 도움이 되는 정신적 메커니즘을 발전시킨 반면(이미 우리는 허리-엉덩이 비율 평가의 진화적 목적을 살펴본 바 있다), 여성은 남성에게서 자원 보유를 신호하거나 자원 획득 가능성을 신호하는 다양한 단서에 대한 선호를 발전시켰다. 바로 여기에 '진화심리학 자'들이 우리에게 제시하는 증거가 있다. 여성은 남성의 신체적 매력에 매혹되기는커녕 중저가 옷을 입은 남성보다 정장을 차려입은 남성을 더 좋아하는 한편, 여성이 짝을 찾기 위해 신문에 내는 광고는 대체로 부나 지위를 크게 강조한다는 것이다. 나는 이런 주장을 반박하고 싶지 않다(하지만 내 감정이 분명히 드러나기를 기대한다). 우리가 초점을 맞추는 것은 다른 지점이다. 우리가 처음에 이야기하면서 간과했던 것, 남성은 여성에 비해 잠재적 짝의 신체적 매력을 높이 평가한다는 '진화심리학'적 관념이다. 하지만 '진화심리학자'들이 매력적인 남성을 찾는 데에서 내숭을 떨었다면, 다른 이들은 그렇게 소심하지 않았다.

아마도 미술사에서 가장 위대한 발견 가운데 하나는 〈라오콘 군상(라오콘과 아들들)Laocoön and his Sons〉(187쪽 [그림 13])일 것이다. 1506년 로마 네로 황제의 황금 가옥 부지 근처에서 발굴될 때까지 거의 손상 없이 보존된 기념비적인 대리석 조각이다. 처음 발견되었을 때 사람들은 곧바로 트로야 전쟁의 일화에서 따온 주제를 알아보았다. 그리스군이 목마에서 쏟아져 나와 트로야시를 약탈하려는 바로 그 순간 트로야의 사제 라오콘과 그의 두 아들 안티판테스와 팀브라이오스가 거대한 뱀 두 마리에게 칭칭 감겨 몸이 으스러지며 죽음의 고통에 몸부림친다. 라오콘은 트로야 사람들에게 그리스의 목마를 받으면 안 된다고 경고했지만 허사였고, 베르길리우스는 《아이네이스Aeneis》에서 그에게 유명한 구절을 내준다.

트로야 사람들이여, 말(馬)을 믿지 마시오.
그것이 무엇이든, 나는 그리스인들이 선물을 가져올 때에도 두렵소.

트로야인들은 그의 조언을 무시하고, 화가 난 라오콘은 목마에 창을 던진다. 베르길리우스의 묘사에 따르면, 바다의 신이자 그리스인들 편인 포세이돈이 바다뱀을 보내 라오콘과 두 아들을 목 졸라 죽이라고 한다. 다음은 존 드라이든John Dryden의 시적인 영어 번역이다.

그는 두 손으로 뱀들의 똬리를 풀어 젖히려 했고
그의 신성한 머리띠는 검푸른 독으로 더럽혀졌으며,
포효하는 그의 목소리가 쏜살같이 하늘을 가득 채웠습니다.
그리하여 황소가 빗맞은 상처를 입고

굴레를 끊어내고 죽음의 제단에서 도망치는 것처럼

우렁찬 고함이 하늘을 굴복시키며 찢어 놓았습니다.

〈라오콘〉은 순식간에 자신만의 신화에 영감을 불어넣었다. 조각상 발굴 현장에 참여한 사람의 설명(발굴 후 반세기가 넘은 뒤에 글로 쓰인 것이긴 하지만)에 고무된 미켈란젤로는 자신이 현장에 있는 듯이 새로운 발견을 환영했다. 그리고 라오콘의 사라진 오른팔을 복원하려는 잇따른 시도를 둘러싼 전설은 이런 신화를 더욱 강화했다. 나폴레옹 보나파르트Napoleon Bonaparte가 1799년에 이탈리아를 정복한 뒤 조각상을 차지할 무렵이면, 〈라오콘〉은 예술적 기준에서 난공불락의 지위를 차지하며 더 이상 신화가 아니었다. 그 영향은 지금까지도 계속 미치고 있다. 그리고 조각상에 감탄한 많은 이들 가운데는 예술사의 '아버지' 요한 요아힘 빙켈만도 있었는데, 그는 필연에 맞서 분투하는 라오콘의 아름다움에 대한 우리의 감탄과, 우리가 최후의 순간을 맞은 그의 고통을 즐기고 있다는 인식을 화해시키고자 했다.

빙켈만이 유명해진 다른 이유들 중에 그가 남성의 성적 취향sexuality에 관한 일대 논쟁의 시초라는 점은 전혀 놀랄 일이 아니다. 20세기 게이 활동가들에게 선구자로 환영받은 빙켈만은 또한 다른 이들에게 남성적 미에 대한 특히 엄격한 시각의 원천이라고 비난받았다. 박식한 빙켈만이 여러 청년과 모험을 즐기면서 결국 목숨을 대가로 내놓은 것은 분명 사실이며(그는 트리에스테에서 연인인 프란체스코 아르칸젤리의 칼에 찔려 죽었다), 그의 미의 이상을 채색한 것도 바로 이런 그의 삶이었다. "분명 남성의 아름다움이 하나의 일반적 관념 아래 파악되어야 하는 것처럼, 나는 여성에게서만 아름다움을 관찰하고 남성의 아름다움에는 거의 또는 전혀 감동받지 못하는 이들은 예술의 아름다움에 대해 공정하고 필수적이며 타고난 본능을 갖지 못한 경우가 많다는 사실을 깨달았다." 하지만 빙켈만이 볼 때, 〈라오콘〉만큼이나 각광을 받는 작품은 좀 더 미묘한 대리석 조각인 〈벨베데레의 아폴론Apollo Belvedere〉이었다(188쪽 [그림 14]). 작품을 세워 두기로 한 바티칸 정원의 이름을 딴 작명이었다. 〈아폴론〉은 기원전 350~기원전 325년에 만들어진 그리스의 청동상 원본을 복제한 로마 시대 작품으로 여겨지지만, 아마 현대사에서 가장 찬양받은 작품일 것이다. 바이런이 쓴 장편 서사시《차일드 해럴드의 순례》에서 우리는 아폴론의 복수로부터 그의 관능으로 미끄러지듯 옮겨간다.

　　화살대가 방금 발사되었다—신의 복수로

밝게 빛나는 화살. 그의 눈과

코에서는 아름다운 경멸과 힘,

위엄이 완전한 번개를 번쩍여

그 한 번의 눈길로 신의 비밀을 밝힌다.

하지만 그의 우아한 형체 속에는—외톨이 님프가 만든

사랑의 꿈이, 님프의 젖가슴은

하늘에서 내려오는 불사의 연인을 갈망하니

그런 상상으로 미쳐 버린 꿈이 드러난다

모든 이의 축복을 받은 그 모든 이상적인 아름다움

더없이 기이한 기분에 젖은 정신

모든 구상이 천상의 손님으로—

불멸의 빛으로—별처럼 서성거리다, 마침내 하나로 뭉쳐

신이 됐으니!

하지만 빙켈만은 그 누구보다도 과장된 묘사를 남겼다.

〈아폴론〉 조각상은 파괴를 면한 모든 고대 조각상 가운
데 가장 숭고하다. (…) 축복받은 천국에서 통치받는 듯한 영
원한 봄이 매력 넘치는 젊음으로 한껏 성숙한 매혹적인 남

자다움을 감싸며, 매끄러운 부드러움으로 그의 팔다리의
장엄한 뼈대를 희롱한다. 정신 차리고 무형의 아름다움의
왕국으로 들어가서 천상의 자연의 조물주가 되어 보라. 자
연 위로 솟아오르는 아름다움으로 정신을 채워 보라. 여기
에 필멸하는 것은 하나도 없고, 인간의 욕구가 필요로 하는
것은 하나도 없으니. 어떤 정맥도 힘줄도 그의 몸을 덥히고
휘젓지 못하고, 잔잔한 개울처럼 퍼지는 천상의 정신이 말
하자면 이 놀라운 형상의 전체 윤곽을 채운다.

물론 〈아폴론〉에 대한 빙켈만의 격정적인 열광이 그 자신의
성적 취향에서 유래한다고, 즉 빙켈만이 말하고자 하는 것이
순전히 예술에 대한 사랑이라고 가정한다면 순진한 생각일 것
이다. 하지만 우리가 이상적인 남성의 미학으로 보게 된 것을
무시해 버리는 것도 마찬가지로 순진한 처사일 것이다.

거의 모든 현대의 설명은 다음과 같은 내용에 동의한다. 아
름다운 남성은 근육질이고, 넓은 어깨에 비해 허리와 엉덩이가
좁은 '역삼각형' 모양의 상반신을 갖고 있다. 이런 이상형의 과
장된 사례가 가짜 성 꼭대기에 우뚝 서서 장관의 폭포를 만들
어 내면서 독일의 카셀시를 내려다보고 있다. 18세기 초 요한
야코프 안토니Johann Jacob Anthoni가 만든 거대한 헤라클레스 청동

상이다. 이 동상은 사실 앞선 로마의 디자인을 그대로 만든 복제품으로, 그중에서 〈파르네세의 헤라클레스Farnese Hercules〉가 아마 가장 유명할 것이다. 동상의 해부학적 자연주의를 둘러싸고 일부 논란이 있었지만(지금도 여전하다), 헤라클레스의 뻣뻣한 근육질이 다소 육중하기는 해도 감탄하며 모방하는 이들의 열정이 식지는 않았다(80개가 넘는 모작이 남아 있다). 좀 더 미묘한 사례는 미론의 〈디스코볼로스(원반 던지는 사람)Discobolus〉(약 기원전 460~기원전 450년에 제작)인데, 이 작품은 그리스의 비례symmetria 이상의 모든 특징을 포착한다. 남아 있는 유일한 판본은 로마 시대의 대리석 모작으로, 로마 국립박물관에 소장되어 있다. 그리고 그 후 욕망의 정점으로 〈벨베데레의 아폴론〉을 대체한 상징인 미켈란젤로의 〈다윗David〉에서 우리가 발견하는 것은 바로 이런 남성 신체의 이상형이다(189쪽 [그림 15]). 1504년에 완성된 이 대리석 조각상은 성경 속에서 골리앗과 싸우기로 결심한 순간의 다윗을 묘사했는데, 남성 인체에 대한 르네상스 시대의 지식에 바탕을 둔 작품이다. 비례가 인체와 완전히 일치하지는 않지만, 〈다윗〉은 오늘날 이상화된 남성의 몸을 보여주는 작품으로 여겨진다. 머리가 하반신의 비율보다 약간 큰데, 원래 조각상을 교회 정면부나 높은 받침대 위에 둘 계획이었기 때문에 아래에서 보면 비례가 맞아 보인다.

그렇다면 심리학자들이 남성과 여성이 모두 받아들인다고 발견한 것이 바로 이런 이상이라는 것도 별로 놀랄 일이 아니다. 심리학자 폴 라브라카스와 동료들은 1970년대에 진행한 초기의 연구에서 대체로 선그림을 보여줄 때 여성은 상반신이 'V자형'—가슴보다 어깨가 넓고, 역시 엉덩이보다도 어깨가 넓은 체형—인 남자를 선호한다는 것을 발견했다. 빙켈만이 헤라클레스 조각상의 근육질 단편인 〈벨베데레의 토르소^{Belvedere Torso}〉를 묘사하면서 지고의 미를 발견한 것도 바로 이런 상반신의 이상형에서였다.

> 선명한 활 모양을 그리는 저 가슴은 얼마나 멋진가! (…) 거인 안타이오스와 머리가 셋 달린 게리온이 바로 이런 가슴에 짓이겨졌음이 분명하다. (…) 완벽한 인간을 가장 잘 아는 사람에게 이 조각상의 왼쪽 측면과 견줄 만한 옆구리를 본 적이 있는지 물어보라.

최근에 '진화심리학자'들은 각기 다른 특성이 유전적 가변성을 나타내는 지표라고 가정하는, 남성의 신체적 매력에 관한 연구로 다시 관심을 돌리고 있다. 여성은 남성의 부와 지위에 더 관심이 많다고 주장하는 한편, 그럼에도 불구하고 그들의 설명은 신체적 매력과 남성의 자질 사이에는 신뢰할 만한 연관성이 있다고 가정한다. 남성의 매력은 건강이나 활력의 몇몇 요소를 보여주는 지표라는 것이다. 앞서 살펴본 것처럼, 데벤드라 싱은 허리-엉덩이 비율이 '바람직한' 범위(0.90~0.95)에 있는 남자들은 진화사에서 짝을 놓고 경쟁할 때 더 성공을 거둔 것이 분명하며, 따라서 현대 여성들도 이 범위를 바람직하게 본다고 주장했다. 더 나아가, 싱은 여성들이 허리-엉덩이 비율이 이런 '바람직한' 범위에 속하는 남자가 더 지적이고 리더십 자질이 뛰어나다고 평가한다는 것을 발견했다. 그의 '진화심리학' 명제와 연결될 가능성을 보여주는 결과였다.

문제는 허리-엉덩이 비율이 남성적인 것의 의미를 규정할 수 있다 하더라도, 더 신중하게 통제된 연구들은 여자가 남자 몸의 매력을 평가할 때 허리-엉덩이 비율은 주요한 고려 사항이 아님을 시사한다는 것이다. 내가 볼 때, 우리가 이미 살펴본 것처럼, 허리-엉덩이 비율은 훨씬 단순한 역할을 하는 듯하다. 이 비율은 남성적 몸매와 여성적 몸매를 구별하는 데 도움을 줄 뿐이다. 대다수 연구가 상반신 모양을 남성의 신체적 매력의 주요한 단서로 규정하기 때문이다. 이는 상반신 모양이 건강상의 이점이나 지위 추구와 상응하는 정도만큼 '진화심리학'의 관점에서도 쉽게 이해된다. 예컨대 마틴 토비와 동료들이 여성들에게 사진 자극—이전에 사용한 선그림보다 한결 현실적이다—을 이용해서 남성의 몸매를 평가해 달라고 요청한 결과, 남성의 매력에 기여하는 주된 요소로 밝혀진 것은 허리-가슴 비율이었다. 엄밀하게 말하면 전체 변이의 56퍼센트를 차지했다. 체질량지수(12.7퍼센트)와 허리-엉덩이 비율 등 다른 측정된 변수들은 사소한 역할만 했을 뿐이다. 판진투와 동료들이 사진 대신 3차원 이미지를 보여주었을 때에도 이런 결과가 나왔다.

토비와 그의 연구진이 볼 때, 결과는 분명하다. 여성은 상반신이 '역삼각형' 모양인 남자를 매력적이라고 여긴다. 이는 상반신의 육체적 힘 및 근육 발달과 일치한다. 물론 우리는 근육질 상반신 체격이 남성성에 대한 우리의 관념을 규정하며, 따라서 시간이 흐르면서 이 이상이 매력과 연결되었다고 생각할 수 있다. 하지만 '진화심리학자'들은 '역삼각형 상반신'은 사춘기에 남녀의 호르몬 차이의 결과로 발달한 것이며, 따라서 우리는 이런 몸매에 가장 가까운 남성에게 진화적 이점이 있는 것으로 추론할 수 있다고 지적한다. 더욱이, 우리 공통의 진화사 때문에 우리, 특히 여성은 문화적 배경과 상관없이 이런 이상형을 매력적으로 보아야 한다.

마틴 토비와 나는 이런 사고를 비교문화적으로 시험해 보았다. 확실히 우리는 영국과 쿠알라룸푸르의 여성들이 공히 허리-가슴 비율을 남성적 매력의 주요한 결정 인자로 사용하며, 이상적인 '역삼각형' 몸매를 가진 남성을 선호한다는 것을 발견했다. 이 두 집단 모두에게 체질량지수는 상대적으로 중요하지 않았다. 하지만 우리는 또한 세 번째 여성 그룹, 즉 농촌인 사바주의 그룹도 시험해 보았다. 여기서 우리는 대단히 흥미로운 현상을 발견했다. 농촌 여성들에게는 남성의 체질량지수가 매력의 주요한 결정 인자였다. 허리-가슴 비율이나 허리-엉덩이 비율은 그렇지 않았다. 사바주의 시험 참가자들은 몸무게가 많이 나가는 남자를 선호했으며, 또한 역삼각형이 덜한 몸매도 선호했다. 분명한 결론은 사회경제적 발전 수준이 비교적 낮은 환경에서 참가자들을 검토하면 역삼각형 몸매가 아니라 몸무게가 남성의 아름다움의 주요한 단서라는 것이다. 우리가 남성의 아름다움을 어떻게 지각하는지에서 차이가 분명 존재하며, 이런 차이는 우리가 속한 배경과 연결될 것이다.

그리고 앞 장에서 살펴본 것처럼, 우리를 둘러싼 배경은 우리가 행동하는 방식에 중요한 영향을 미칠 수 있다. 대부분의 비산업화 환경에서 몸무게는 여전히 부와 번영을 보여주는 지표이며, 이는 우리가 연구한 농촌 여성들이 체질량지수에 근거해서 남성의 매력을 평가한 한 가지 이유를 말해 준다. 이와 대조적으로 대다수 산업사회는 이상적인 남성의 몸매에 관한 기대를 가진 것으로 보이며, 남자들은 점차 이 기대와 자신을 비교한다. 매력의 문화적 이상에 대한 태도에서 성별 차이는 여전히 존재해서 여성은 남성보다 이런 이상에 더 순응하지만, 남성의 몸에 관한 사회문화적 압력이 증가하는 추세다. 오늘날 사회경제적 발전 수준이 높은 환경에서 남성의 몸에 대한 대부분의 문화적 기준, 이상적 몸매에 대한 미디어의 묘사, 액션 영화 속 영웅의 인형이나 장난감, 헬스 잡지에는 일관되게 남성의 미에 대한 근육질, 역삼각형 기준이 포함된다. 하버드의 정신과 의사 해리슨 포프Harrison Pope는 이런 기준을 "초남성적" 또는 "남성보다 더 남성적인" 외모라고 부른다.

아름다움의 기준에 대한 미디어의 묘사가 우리의 이상형에 단순하거나 간단한 방식으로 영향을 미친다고 주장하는 것이 아니다. 현재 나오는 증거는 다른 개인적·사회문화적 요인, 특히 부모와 동년배의 영향을 부각한다. 또 다른 가능성은 페미니스트 저술가 수전 팔루디Susan Faludi가 《스티프트: 배신당한 남자들Stiffed: The Betrayal of the American Man》에서 "남성성의 위기"라고 부르는 현상이다. 대부분의 산업화된 환경(팔루디는 미국 남성을 검토하지만, 우리는 말레이시아 도시에서도 비슷한 과정이 작동하는 것을 쉽게 볼 수 있다)에서 여성은 삶의 많은 측면에서 남성과 급속하게 동등해지고 있으며, 따라서 남성들은 오직 자신의 몸만을 남성성의 독특한 원천으로 갖게 되었다. 이렇게 볼 때, 근육질의 건강하고 탄탄한 남성의 이미지는 여성성에 관한 전통적인 문화적 관념과의 거리를 암시하면서 육체적 힘과 강건함, 권력을 구현하고자 하는 남성을 나타내는 것이라고 주장된다. 몇몇 심리학자들은 오늘날 남자들이 복근에 몰두하는 현상을 정확히 이런 측면에서 논의하고 있는데, 그들은 이런 이상화가 육체노동의 쇠퇴와 여가 시간의 증가, 그리고 이와 관련된 허리둘레의 증가에 직면한 남성들이 남성성의 외적 모습에 집착하는 방식이라고 주장한다. 여성 신체의 부드러움과 곡선이 가정된 여성성의 절정으로 간주된다면, 팽팽한 복근에 대한 남성들의 열망은 그들에게 남성-여성의 차이를 확인해 주는 수단을 제공한다는 것이다.

상이한 문화적 배경마다 각기 다른 방식으로 남성 신체의 아름다움에 주목한다는 사실은 놀라울 것이 없다. 어쨌든 알브레히트 뒤러는 오래전에 경고했다. "어떤 남자도 완벽한 몸매의 본보기로 여길 수 없다. 이 세상의 어떤 남자도 모든 아름다움을 가진 채 살지 않기 때문이다." 그리고 움베르토 에코가 말해 주는 것처럼, 남성의 몸은 역사적으로 여성의 아름다움에 관한 묘사에 영향을 미치는 것과 동일한 모순에 시달렸다. 예를 들어, 각기 다른 시대마다 남성의 몸에서 강조하는 영역이 달랐다. 르네상스 시대 유럽에서는 유행한 패션이 근육질 '허벅지'를 강조하는 결과로 이어진 반면, 17세기에 스타킹이 유행하자 근육질 '장딴지'가 강조되었다.

1526년, 무엇보다도 마르틴 루터Martin Luther의 성경 번역에 삽화를 그린 것으로 유명한 독일 화가 소(少)한스 홀바인Hans Holbein the Younger은 런던을 향해 길을 나섰다. 토머스 모어Thomas More(홀바인의 형 암브로시우스Ambrosius는 몇 년 전에 모어의 1518년판 《유토피아 Utopia》에 목판화를 그렸다) 앞으로 보내는 소개장을 품에 안은 홀바인은 헨리 8세의 궁정에서 초상화가로 경력을 쌓았다. 홀바인은 국왕의 여섯 부인 중 몇 명의 초상화를 그린 것으로 여겨지지만, 여기서 우리의 흥미를 끄는 것은 그가 그린 헨리 8세의 여러 초상화다. 이 초상화들은 거의 변함없이 근육질이 아닌 과체중의 권력자를 묘사한다. 그리고 에코는 헨리의 통통한 몸매에 적용되는 것은 당대 사람들에게도 적용되었다고 장담한다. 유럽사에서 이 특정한 시대에 마른 몸과 근육질은 아름답다고 여겨지지 않았다는 것이다.

거꾸로, 빙켈만은—근육질의 이상형을 흠모하는 사람이긴 했지만—어린 남자, 보통 사춘기의 약간 중성적인 남자에게서 아름다움을 보는 것을 혐오하지 않았다. 여기서 그는 고대 그리스로부터 이어진 더 폭넓은 전통을 따르고 있다. 그의 말을 들어 보자.

　　그런 사람(여성에게서만 아름다움을 발견하는 사람)에게 그
리스 예술의 아름다움은 언제나 부족해 보일 것이다. 그리
스 예술의 최상의 미는 여성적이기보다는 남성적이기 때문
이다. 하지만 예술의 아름다움은 자연의 아름다움보다 더
높은 감수성을 요구한다. 예술의 아름다움은 연극을 보고
흘리는 눈물처럼 어떤 고통도 주지 않고, 생명이 없으며, 문
화에 의해 각성되고 보수되어야 하기 때문이다. 이제 문화
의 정신은 성인기보다 청년기에 훨씬 더 열렬하므로 내가
이야기하는 본능은 아름다운 것에 발휘되고 겨냥되어야 한
다. 그런 아름다움에 대한 취향이 없다고 고백하는 것을 두
려워하는 나이에 도달하기 전에.

　이처럼 사춘기의 날씬한 아름다움을 이상화한 것은 특별히
유럽적인 현상도 아니었다. 내가 번역한 리처드 버턴Richard Burton
의《아라비안 나이트, 천일야화The Arabian Nights, or the Book of a Thousand
and One Nights》(1932)에는 시인 아부 누와스 알하산 이븐 하니 알
하카미Abu Nuwas al-Hasan ibn Hani al-Hakami를 넌지시 언급하는 구절이
몇 군데 있다. 아마 그 시대의 가장 위대한 아랍 시인일 아부

누와스는 전통적인 글쓰기 형식을 외면하고 캄리야트^{khamriyyat,}

酒歌와 남성의 아름다움과 사랑에 관한 서정시에 몰두했다. 그

가 쓴 많은 시는 대개 사키^{saqi}라는 인물로 구현되는 사춘기 소

년의 아름다움을 찬미한다. 사키란 연인들의 수수께끼와 진실

을 드러냄으로써 연인들의 마음을 일구는 사람으로 번역되는

데, 별로 설득력이 없다. 더 정확히 말하자면, 사키에 대한 언급

은 술에 취해 흥분하게 만드는 연인의 아름다움에 해당한다.

이 때문에 사키는 종종 술관원(왕의 식탁에 올리는 술을 담당하는

관리.—옮긴이)으로 묘사된다.

> 어느 모로 보나 완벽한 그를 사랑해 죽겠네,
>
> 부드럽게 퍼지는 음악의 선율에 흠뻑 빠져.
>
> 매혹적인 그의 몸에서 눈을 떼지 못하고
>
> 그의 아름다움에 놀라지 않네.
>
> 그의 허리는 어린 나무, 그의 얼굴은 달덩이,
>
> 장밋빛 뺨에서는 사랑스러움이 뚝뚝 떨어지고,
>
> 당신을 사랑해 죽겠지만, 이 비밀을 지켜 주오.
>
> 우리를 묶어 주는 매듭은 끊어질 수 없는 밧줄.
>
> 당신을 창조하느라 얼마나 많은 시간이 걸렸을까, 오 천
>
> 사여?

그래서 뭐! 내가 바라는 건 당신을 칭찬하는 노래를 부르
는 것.

물론 아부 누와스 자신의 에로틱한 선호에서 모든 사람이
받아들이는 객관적인 미의 감각을 풀어내기는 어렵다. 그렇지
만 남성의 아름다움에 관한 문화적 통념이 언제나 마른 몸보
다 근육질 몸을 이상화한 것은 아니라는 점은 여전히 사실이
다. 이런 점을 근거로 우리는 시인이자 민권운동가인 마이아 앤
절로Maya Angelou의 말에 동의하고 싶은 유혹이 들지 모른다. 다
른 맥락에서이긴 하지만, 앤절로는 이렇게 말한다. "이제 부모
들이 아이들에게 일찍부터 가르칠 때다. 다양성 속에 아름다
움과 힘이 있는 것이라고."

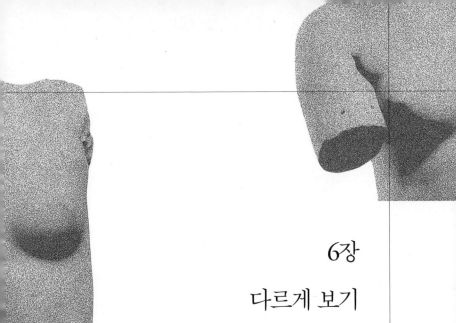

6장

다르게 보기

Other Ways of Seeing

"허구적 신화에 직면할 때, 물어야 하는 질문은
여성의 얼굴과 몸에 관한 것이 아니라
현 상황의 권력관계에 관한 것이다.
봉사하는 것은 누구인가? 누가 말하는가?
누가 이익을 얻는가? 그 배경은 무엇인가?"

1737년, 왕의 인가를 받은 예술 후원 기관인 예술원이 루브르 궁에서 첫 번째 공공 미술전시회인 파리 살롱을 열면서 그때까지 성은의 징표를 나타내던 전통을 이어 갔다. 가용한 모든 공간에 그림을 전시한 살롱 자체가 다른 많은 회화의 주제가 되었고, 관보에 발표된 전시회에 대한 비판적 묘사는 미술평론가라는 근대적 직종의 시작을 알렸다. 19세기에 공공 살롱이라는 개념이 정부가 후원해서 심사를 거친 새로운 회화와 조각을 보여주는 전시회가 매년 열리는 식으로 확대되었다. 입장권을 가진 대중이 초대를 받았다. 개막식 저녁의 특별전vernissage은 거대한 사교 행사였는데, 오노레 도미에Honoré Daumier 같은 풍자화가들이 이를 혹독하게 조롱했다. 1860년대를 시작으로 이제 막 등장한 사실주의와 인상주의 운동의 화가들이 파리 살롱 심사위원회에 앞다퉈 작품을 제출했으나 점차 보수적이고 아카데믹하게 바뀐 심사위원들에게 거부당했을 뿐이다. 그리하여 편향에 대한 불만이 높아지자—한 해에만 4000점의 회화가 거부당했다—1863년에 첫 번째 낙선자전Salon des Refusés이 열려 파리 살롱에서 전시를 거부당한 작품을 초청했다. 대부분은 질이 떨어지는 작품이었지만, 첫 번째 전시회에는 제임스 맥닐 휘슬러James McNeill Whistler의 〈하얀 소녀The White Girl〉나 에두아르 마네의 〈풀밭 위의 점심식사〉 같은 중요한 그림도 몇 개 나왔다.

마네는 영원히 예술가였다. 부유층 집안에서 태어난 마네—어머니는 스웨덴 왕세자의 대녀代女였고, 아버지는 프랑스 법무부 관리였다—는 법률가가 되라는 아버지의 권유에 반항하면서 화가가 되고자 했다. 타협책으로 해군 장교가 되기로 결정되었고, 열여섯 살의 나이에 마네는 훈련함에 올라 리우데자네이루로 항해했다. 돌아오자마자 해군사관학교 입학시험을 보았으나 낙방했고, 아버지는 결국 고집을 꺾었다. 1850년 마네는 토마 쿠튀르Thomas Couture의 아틀리에에 들어갔고, 스승과 견해차가 많긴 했지만 몇 년간 그곳에 머물렀다. 그 후 화가로서 마네가 걸은 이력은 결코 순탄하지 않았다. 1859년 파리 살롱에 출품했으나 거부당했고, 〈에스파냐 가수Spanish Singer〉로 어느 정도 환호를 받았지만(이 그림은 살롱에 입선해서 가작을 받았다), 〈풀밭 위의 점심식사〉는 1863년에 거부당했다(낙선자전에서 모욕적인 비판을 받았는데, 이런 패턴은 오랫동안 계속된다).

1865년, 마네는 유화 〈올랭피아〉(190쪽 [그림 16])를 파리 살롱에서 전시하면서 논쟁적 인물로 명성을 굳혔다. 티치아노의 〈우르비노의 비너스〉(191쪽 [그림 17])(이 그림 자체가 조르조네Giorgione의 〈잠자는 비너스Venus Asleep〉를 참조한 것이다)에 영감을 받은 이 작품에 19세기 프랑스의 고급문화는 격분했다. 여신이나 오달리스크(터키 술탄의 첩)가 아니라 고객이 준 것으로 보이는 꽃다발을 받는 고급 매춘부를 그린 작품이었기 때문이다. 분노를 야기한 것은 〈올랭피아〉의 누드가 아니었다. 1865년 살롱에서 극찬을 받은 알렉상드르 카바넬Alexandre Cabanel의 〈비너스의 탄생〉(191쪽 [그림 18])은 비슷하게 누드로 비스듬하게 누운 아프로디테를 묘사한 작품이다. 프랑스 고급문화가 거부한 것은 마네의 사실주의였다. 그는 부드럽게 이상화된 누드 대신 현실의 여자를 그린다. 벌거벗은 여자는 강렬한 빛 아래에서 인정사정없이 모습을 드러낸다. 더욱이 매춘부의 시선은 보는 사람과 직접 대결이라도 할 듯한 기세다. 티치아노의 비너스처럼 관객에게 알랑거리는 것이 아니라, 긴장을 늦추지 않고 어쩌면 보는 사람(또는 고객)과 거래에 합의를 보려는 듯한 모습이다. 이것은 진지한 예술 작품인가, 아니면 다른 그림을 패러디하거나 또는 최악의 경우에 그저 프랑스 상류사회를 조롱하는 걸까? 즐겁기보다는 대결적이고, 수동적이기보다는 능동적이며, 신화적인 대신 당대적으로 보이는 평범한 고급 매춘부의 이미지인 〈올랭피아〉를 마주한 프랑스 비평가들은 당연히 격분했다.

이런 장관이나 이토록 냉소적인 인상을 우리 눈으로 본 적이 없다. 인도 고무로 검은색 윤곽을 그린 그로테스크한 이 올랭피아, 일종의 암컷 고릴라는 완전히 벌거벗은 상태로 침대에 누워서 티치아노의 비너스를 겨우 흉내 낸다. 오른팔이 똑같은 방식으로 몸에 기대고 있는데, 일종의 수치심 없는 모순처럼 손만 구부리고 있다. (아메데 캉탈루브 Amédée Cantaloube, 《르그랑드주르날Le Grande Journal》, 1865년 5월)

침대에 누워 있는 올랭피아는 삼실 같은 머리에 꽂은 장미 한 송이를 빼고 어떤 장식물도 예술에서 빌려 오지 않았다. 이 빨강 머리는 완벽한 추녀다. 얼굴은 멍청하고, 피부는 죽은 사람 같다. 여자는 인간의 모습이 아니다. 마네 씨는 여자를 탈골 상태로 만들어서 여자는 팔이나 다리를 움직이지 못한다. 여자 옆에는 꽃다발을 가져온 검둥이 여자가 보이고, 발치에는 잠에서 깨어나 늘어지게 기지개를 켜는 고양이가 있다. 털이 잔뜩 곤두선 고양이는 칼로^{Jacques Callot}가 그린 악마의 잔치에서 튀어나온 모양새다(17세기 프랑스의 판화가 자크 칼로가 〈성 앙투안의 유혹^{Tentation de Saint Antoine}〉 등에서 그린 악마의 모습을 가리킨다. —옮긴이). 이 캔버스에는 흰색, 검은색, 붉은색, 노란색이 소름 끼치게 뒤섞여 있다. 여자, 검둥이 여자, 꽃다발, 고양이 등 이질적인 색채로 불가능한 형태를 이룬 이 모든 북새통이 사람의 관심을 사로잡고 망연자실하게 만든다. (펠릭스 데리에주^{Félix Deriège}, 《르시에클^{Le Siècle}》, 1865년 6월)

〈올랭피아〉를 옹호하는 이들도 있었다. 에밀 졸라^{Émile Zola}는 이 그림을 보자마자 걸작이라고 극찬했다. "다른 화가들은 비너스를 그리는 식으로 자연을 수정하면서 거짓말을 한다. 마네는 왜 자신이 거짓말을 해야 하느냐고 자문했다. 왜 진실을 말하면 안 되는가?" 하지만 그들에게도 고급 매춘부는 관능적이거나 아름답게 보이지 않는다. 그 대신 그녀는 당대 파리인들의 삶을 반영하는 상황 속에 처한 평범한 여자로 나타난다. 여자의 몸매는 육감적이거나 매력적이지 않고, 오히려 마르고 창백해 보인다. 얼굴은 밋밋해서 우리가 이상화된 여성적 아름다움이라고 규정할 수 있는 외모의 특징이 부족하다. 요컨대 뻣뻣한 〈올랭피아〉에는 비너스의 아름다움이 존재하지 않는다. 그리고 여자에게서 우리는 신체적 매력에 관한 우리의 연구가 도달한 막다른 골목을 보게 된다.

〈올랭피아〉의 고급 매춘부에게서 대단한 아름다움을 전혀 보지 못하는 두 비평가 캉탈루브와 데리에주에게 동의해 보자. 그렇다면 그녀에게 미가 부재한 것을 심메트리아의 부재, 즉 조화로운 비례의 부재 탓으로 돌리는 고대 그리스인들에게 동의해야 할까? 아니면 윌리엄 호가스에게 동의하고 싶은 걸까? 즉 그녀에게 미가 부재한 것은 본질적으로 복잡하면서도 부드러운 곡선의 반영이라고 보아야 할까? 아직 확신하지는 못해도, 우리는 아름다움은 정확한 기능, 즉 우리의 유전자를 가질 자녀를 낳을 잠재력에 완벽하게 적응함으로써 얻어진다고 말할 수 있다. 그리하여 어쩌면 우리는 고급 매춘부의 젖가슴이 너무 작거나 너무 크다고, 또는 이런 기능에 맞는 정확한 모양이 아니라고 말할지 모른다. 아니, 아름다움은 허리-엉덩이 비율의 문제다. 오직 그녀의 허리-엉덩이 비율이 생식력과 건강을 암시하지 않고, 하반신의 모양이 '좋은 유전자'를 광고하지 않기 때문에 아름다움(또는 아름다움의 부재)의 문제가 제기된다고 조언할 수 있을까? 하지만 아름다움의 비밀을 밝히려는 이런 가장 복잡한 시도도 성공을 거두지 못했으니 이제 다른 걸 시도해 보자. 우리의 고급 매춘부에게 아름다움이 부재하는 것은 몸무게의 문제다. 그녀에게서 아름다움을 보지 못하는 것은 그녀가 너무 말랐기 때문이다. 하지만 신중하게 따져 보자. 비록 우리가 그녀에게서 아름다움을 보지 못할지라도 다른 이들은 여기에 동의하지 않을 수 있다. 어쩌면 그들에게 올랭피아의 몸매는 비례가 잘 맞고 뱀처럼 구불구불한 곡선이 있을 것이다. 그들에게 그녀의 몸매는 가장 기능적인 허리-엉덩이 비율과 최적의 몸무게일 것이다.

우리가 인간 신체의 아름다움을 탐색하게 된 것은 독특한 특징 때문이었다. 우리는 아름다움의 특성들을 따로 떼어 찾으면서 이런 특질이 신체의 아름다움에 대한 진정한 통찰력을 제공해 주리라고 기대한다. 이 과정에서 우리가 발견한 특질들—비례, 대칭, 부드러운 곡선, 허리-엉덩이 비율, 허리-가슴 비율, 체질량지수—이 완전히 잘못된 것은 아니지만, 이처럼 단일한 요소 안에서 아름다움을 찾으려는 기대 때문에 결국 우리의 탐색이 실패로 돌아간다. 다시 〈올랭피아〉를 보면서 질문을 던져 보자. 다만, 이번에는 더 열린 마음으로 보면서 무엇이 그녀를 매력적으로 만드는지 자문해 보자. 우리의 관심은 전경에 있는 고급 매춘부에게 집중되지만, 그녀가 자리한 폐쇄적인 내부 공간, 그녀가 몸을 기대고 있는 베개, 그녀가 팔에 찬 팔찌, 머리에 꽂은 난초, 발에 신은 실내화, 보석이 달린 목리본, 진주 귀고리, 왼쪽 위 모퉁이에 묶인 커튼, 퇴폐적인 숄, 꽃다발, 꽃다발을 가져오는 하녀도 눈에 들어오는가? 이 모든 것들이 그녀의 아름다움을 감소시키거나 향상한다고 말할 수 있을까?

이렇게 해도 일정한 특질에서 아름다움을 보려는 우리의 소망에서 벗어나지 못한다. 하지만 올랭피아의 창백한 피부는 하녀의 검은 피부와 환하게 밝은 침대 때문에만 분명해진다. 그녀가 우리에게 대결적으로 보이는 것은 오로지 몸의 자세 때문이다. 허리와 엉덩이의 곡선은 전체적으로 마른 몸매와 밀접한 관련이 있다. 벌거벗은 그녀의 몸이 충격적인 것은 하녀가 잘 차려입었기 때문이다. 달리 말하자면, 그녀가 아름다운 건 오로지 그녀 몸의 부분들이 통합된 전체를 형성하기 때문이고, 그 자체가 아름다운 건 오로지 훨씬 더 넓은 구성물의 일부를 형성하기 때문이다. 올랭피아의 아름다움을 보고 묘사하면서 우리의 관심은 한 가지 핵심적 특징에만 초점을 맞추지 않았다. 그보다 우리는 광범위한 고려 사항과 여러 시각적 특징을 고려했다. 존 암스트롱이 분명히 말하는 것처럼, 이것이 전체의 법칙이다.

우리는 말하자면 대상(또는 사람) 전체에 우리의 관심을
폭넓게 분산했다. 우리가 끌어내야 하는 한 가지 결론은 아
름다움은 대상의 전체적 특징이라는 것이다. 개별적인 특
질을 골라낸 뒤 "이 대상의 아름다움은 본질적으로 이 단
일한 특징 안에 있다"고 말하려는 것은 헛된 시도일 뿐이다.
그 대상의 모든 특징이 다른 모든 특징들과 관계를 맺으면
서 그것의 아름다움에 기여한다. 이런 특징들 가운데 하나
라도 줄어들면 그 대상의 아름다움이 손상되는 것은 그 때
문이다.

바로 이런 전체의 법칙이 아름다움이 신체의 단일한 특징으
로 이루어진다고 보는 오류를 설명해 준다. 어떤 몸의 아름다
움을 결정하는 것은 오직 몸무게(그리고 다른 모든 것)와 연관된
허리-엉덩이 비율이나 허리-가슴 비율이다. 즉 몸 전체가 얼굴
을 비롯해 아름다운 다른 모든 특징과 통합될 때에만 아름답
다. 그렇다면 고립된 특질들에서 아름다움을 보는 것은 무의미
하다. 몸은 생물학적 의미에서 완벽한 대칭을 이루거나 최적의
허리-엉덩이 비율을 갖거나 가장 선호되는 몸무게이거나 그

밖에 수없이 많은 특징을 가질 수 있지만, 통합에 실패하면 여전히 매력적이지 않다. 그리고 전체의 법칙은 또한 우리가 우리를 이루는 부분들의 합 이상이라는 사실을 설명해 준다. 모든 특질을 완벽하게 갖춘 통합된 몸이 아름답다고 여겨질 것이라고 말하고 싶은 유혹이 들겠지만, 중요한 것은 부분들의 합이 아니라 통합이다. 암스트롱이 설명하는 것처럼, 상이한 요소들이 어울려서 아름다운 효과를 창출한다.

이는 각 요소가 한 가지 일만 하는 게 아니기 때문이다. 각 부분이 다른 부분들과 한 가지 관계만 맺는 게 아니다. 모든 것이 함께 중요하기 때문에 그 대상이 지탱하는 상호 관계와 병치를 구분하기란 매우 어렵다.

그리고 덧붙여 말하자면 대칭이 되었든, 허리-엉덩이 비율이나 체질량지수가 되었든 간에 어떤 단일한 특질에서 '최적의' 건강이나 생식력의 원인을 찾으려는 '진화심리학'의 기획을 조심해야 하는 것은 바로 이 때문이다. 건강과 생식력에 관한 이상주의적 관념은 오류다. 인체는 통합된 전체로 기능하며, 이 때문에 한 특질을 다른 특질보다 위에 두는 것은 말이 되지 않는다. 아름다움에 관한 전체론적 시각은 때로 추상적이라는 이유로 거부된다. 한 대상을 전체로 보는 것은 그 구성 부분들 없이는 무의미하다는 것이다. 하지만 아름다움에 대한 전체론적 설명은 추상 개념이 아니다. 어떤 대상의 아름다움을 전체론적으로 설명하고자 할 때, 우리는 세부 부분들을 보면서 통합된 전체를 구성하는 부분들을 더 전체적으로 파악하려고 한다. 그리고 바로 이런 시도 덕분에 우리는 앞서 저지른 실수들에서 자유로워진다. 우리는 피타고라스와 '진화심리학자'들의 통찰을 존중할 수 있고, 이 주장들에 우리의 모든 희망을 고정시키지 않은 채 뱀처럼 구불구불한 곡선의 타당성을 수용할 수 있다. 암스트롱이 말하는 것처럼, "우리는 회의적 태도 덕분에 자비로울 수 있다."

아름다움에 관한 전체론적 시각 덕분에 우리는 또한 다른 질문들에도 직면해야 한다. 성격과 행동은 아름다움에 대한 우리의 시각에 어떤 영향을 미치는가? 비육체적 특질이 신체적 아름다움에 영향을 미치는가? 아름다운 사람은 주변 환경과 무관하게 언제나 아름다운가? 앞에서 고찰한 문제로 돌아가면, 우리는 매력적이지 않은 것에서도 아름다움을 발견할 수 있는가? 다음의 사례에서 보여지는 것처럼, 이것들은 무의미한 질문이 아니다. 〈올랭피아〉의 고급 매춘부에게서 아름다움을 찾으려고 하면서 우리는 우리 앞에 하나의 광경으로 전

시된 벌거벗은 몸에 우선 시선을 두었다. 하지만 어쩌면 우리
는 이렇게 물어야 할 것이다. 하녀에게서 아름다움을 찾으면
안 되는가? 또는 볼테르의 두꺼비를 다시 떠올리자면, 고양이
에게서 아름다움을 찾을 수 있을까? 킴 홀Kim Hall은 《암흑의 사
물들Things of Darkness》에서 문학과 시, 미술에서 검은 이미지와 흰
이미지의 병치가 17세기 잉글랜드에서 인종을 구축하는 데 어
떻게 기여했는지를 묘사한다. 한 예로, 피에르 미냐르Pierre Mignard
의 그림 〈루이즈 르네 드 케루알, 포츠머스 여공작Louise Renée de
Kéroüalle, Duchess of Portsmouth〉(192쪽 [그림 19]) — 이 작품은 〈올랭피아〉와
비슷한 구석이 많다 — 은 상층계급의 백인 여성을 한 명 또는
그 이상의 흑인 하인과 보여준다는 점에서 초상 미술에서 이
례적이지 않다. 하인은 보통 진주나 산호, 그 밖의 귀중품을 여
주인에게 내미는 모습으로 묘사된다. 하인과 그들이 바치는 보
물은 둘 다 여주인을 매력적이고 아름답게 특징짓는, 사회적으
로 구성된 기호들이다. 하지만 하인들 스스로에게는 아름다움
의 문제가 던져지지도 않는다. 17세기 잉글랜드에서 아프리카
인 하인을 고용할 수 있다는 것은 엘리트 유력 계급의 성원임
을 보여주는 증거였다. 예술적 구성의 문제로, 검은 얼굴과 흰
얼굴의 대비는 창백한 피부의 선명한 특질을 부각하는 동시에
매력적인 존재로서 아름다움의 이상을 강화하기 위해 사용되

었다. 이 모든 점이 신체적 매력에 관한 우리의 탐구에 두 가지 교훈을 시사한다. 첫째, 아름다움은 확실히 상대적인 것이며, 둘째, 아름다움은 흔히 우리의 믿음과 편견을 반영한다.

이 점을 장황하게 논의하는 위험을 무릅쓰면서 다른 각도에서 이 문제에 접근해 보자. 〈올랭피아〉에 그려진 가구와 다른 사물들의 수준 덕분에 우리는 그림에 묘사된 이들의 부와 사회적 지위를 정확하게 측정할 수 있다. 그렇지만 두 여성 모두 소유물에 지나지 않는다. 한 명은 고객들이 사는 고급 매춘부이고, 다른 한 명은 여주인이 관리하는 하녀다. 하지만 다른 요소도 있다. 그림 자체, 그리고 누가 그것을 묘사하는지와 관련 있는 요소다. 역사적 유럽 미술에서 누드 여성의 묘사는 존 버거가 《다른 방식으로 보기Ways of Seeing》에서 규정한 남성적 시선, 즉 남성 감시자를 위해 벌거벗은 여성 신체를 대상화하고 전시하는 방식을 따랐다. 그리고 앞 장에서 말한 것처럼, 이런 불공평한 관계가 우리 문화에 너무도 깊숙이 파묻혀 있어서 여전히 우리가 세계를 보는 방식을 구조화한다. 아름다움은 대개 여성의 몸에서 찾아야 하며, 남성에게서는 한결 드물게 나타날 뿐이다. 여성 신체의 이런 본질적 대상화는 오늘날에도 크게 다르지 않다. 버거는 이렇게 말한다. "여성은 남성과 무척 다른 방식으로 묘사되는데, 여성적인 것이 남성적인 것과 다르기 때문이 아니라 '이상적' 관찰자가 언제나 남성으로 가정되고 여성의 이미지는 그를 기쁘게 하기 위해 고안되기 때문이다."

우리 각자가 식별하고 감상할 수 있는 객관적 아름다움이 존재한다는 견해가 서구 미학 사상에서 지배적 흐름이었다. 이런 견해는 보통 플라톤의 미 개념—개별적 미의 형태들이 그것들을 초월하는 '절대적 미'에 참여한다는 개념—까지 거슬러 올라가지만, 이는 대개 영향력을 행사한 독창적인 관념은 아니었다. 플로티노스Plotinos는 미의 객관적 존재에 대한 주장을 옹호했고, 후대에 히포의 성 아우구스티누스도 플라톤 전통과 기독교 교의를 융합해서 비슷한 주장을 폈다. 하지만 이런 견해는 르네상스 시기를 거치면서 중요한 수정을 겪는데, 그래도 객관적인 미 개념은 본질적으로 유지된다. 한 가지 예를 들자면, 앙드레 신부의 《아름다운 것에 관한 시론Essai sur le beau》(1741)은 객관적 미의 존재를 옹호하는 글로 편견이나 상상, 변덕스러운 개인적 선호에 따라 아름다움의 개념이 달라진다고 보는 이들에 맞서 쓴 것이다. 앙드레 신부는 통일, 비례, 대칭에서 아름다움을 본 고대 그리스인들을 따른다.

하지만 그는 계속해서 자신의 모델을 넘어서면서 세 종류의 아름다움을 구별한다. 절대적인 본질적 미(조물주의 뜻에 따르지만 인간의 견해와는 무관한 자연의 미), 인간이 도입한 미(관습과 개인적·문화적 취향에 좌우되기 때문에 어느 정도 자의적인 미), 예술의 表現 방식(판단, 느낌, 취향의 변이). 《아름다운 것에 관한 시론》은 18세기에 뚜렷한 영향을 미쳤고, 빅토르 쿠쟁Victor Cousin이 새로 주석을 붙인 1843년판을 통해 19세기에도 영향을 미쳤다. 이 책은 객관적 미 개념의 토대가 잠식되던 시기에 이 개념을 혁신하는 데 기여했다. 하지만 시론에 자의적 미beau arbitraire 체계를 포함시킨 사실을 보면, 그가 미의 이론을 개선할 필요가 있다고 보았음을 알 수 있다.

앙드레 신부가 단지 개선을 희망한 반면, 바야흐로 미의 분석에서는 결정적인 전환이 벌어지고 있었다. 아름다움은 이제 더 이상 자립적인 것이나 객관적 성격, 본질로 여겨지지 않았다. 그 대신 아름다움은 우리의 개인적 느낌이나 감정, 마음의 반응 속에 있다는 사고가 주관적 미 개념의 탄생을 특징지었다. 우리는 대상의 변덕스러운 속성—부드러운 곡선이나 대칭, 비례—을 추구하는 대신 보는 사람의 반응에 관해 생각해야 한다. 어쩌면 아름다운 것들은 어떤 이상한 속성을 공유하는 것이 아니며, 우리가 어떤 것들을 아름답다고 부르는 것은 그것들이 우리에게서 이끌어 내는 반응 때문일 것이다. 스코틀랜드 철학자 데이비드 흄David Hume의 유명한 발언은 이런 접근법의 극단적 형태를 보여준다.

아름다움은 사물 그 자체에 있는 특질이 아니다. 그것은 단지 사물을 숙고하는 마음속에 존재하며, 각각의 마음은 다른 아름다움을 지각한다. 어떤 사람이 아름다움을 인식하는 곳에서 다른 사람은 심지어 기형을 지각할 수 있다. 그리고 모든 사람은 남들의 감정을 조정하려고 하지 말고 자신의 감정 속에서 묵인해야 한다. 진정한 아름다움이나 기형을 찾는 것은 진정한 단맛이나 진정한 쓴맛을 알아내려는 것처럼 무익한 탐구다. 신체 기관들의 성향에 따라 같은 대상이 달콤하기도 하고 쓰기도 하다. 취향을 가지고 논쟁하는 것은 무익하다고 이미 속담에서도 정확히 판정한 바 있다.

마거릿 울프 헝거퍼드Margaret Wolfe Hungerford의 소설《몰리 본 Molly Bawn》(1878)에서 "아름다움은 전적으로 보는 이의 눈에 있다"는 구절로 대중화된 이런 관념은 그후 철학과 예술에서 중요한 견해가 되었다. 하지만 과학자들은 이런 선언을 조롱하는 경향을 보였다. 일정한 일반화를 함축하기 때문이다. 만약 우리가 무엇이 아름다운지에 관해 각자 생각이 달라서 누가 아름답고 누가 아름답지 않은지를 놓고 의견이 갈린다면, 무엇을 측정해야 하는가? 하지만 이는 만들어진 인상에 상응하는 요소가 우리의 외부에 아무것도 없다는 주장은 회피하면서 우리의 미적 감정, 인상이 결정되는 방식에 대한 우리의 신중한 분석과 설명을 모호하게 만든다.

조지프 애디슨Joseph Addison은 '상상의 쾌락'에 관해 《스펙테이터The Spctator》(1712)에 쓴 논설을 통해 상상을 이해의 감각과 구별하면서 적절한 반응 '기관'으로 본다. 이 신선한 접근법을 통해 '쾌락'은 아름다운 것만이 아니라 새롭고 흔하지 않은 것에 의해서도 유도된다고 말한다. 이런 견해에서는 새로운 가치, '숭고한 것과 그림처럼 생생한 것'이 때로는 아름다움보다 훨씬 더 높이 평가받았고, 추함조차 단지 미의 부정이 아니라 미학에서 한자리를 찾게 된다. 에드먼드 버크가 숭고하고 아름다운 것에 관한 에세이를 전개하면서 비례와 조화, 완벽 등 전통적인 미의 원리를 비판하고 조롱한 것도 놀랄 일은 아니다. 이를테면 호가스의 《미의 분석》에서처럼 기존의 미의 기준들이 유지될 때에도 다양성이 가장 중요한 것으로 여겨졌다.

물론 흄은 주관적 미 개념을 다룬 첫 번째 인물도, 마지막 인물도 아니다. 헨리 홈Henry Home이 볼 때, "아름다움은 지각되는 대상만큼이나 지각력 있는 사람에게 존재를 의존하기 때문에 어느 한쪽의 고유한 속성일 수 없다." 독일 철학자 이마누엘 칸트Immanuel Kant는 흄만큼 유창하지는 않더라도 《판단력 비판 Kritik der Urteilskraft》(1790)에서 이와 비슷한 미적 판단의 문제를 다루었다. 칸트의 출발점은 흄의 것과 매우 비슷하다. 그는 아름다움이 대상이나 신체에 있는 힘이라는 관념을 거부하며, 미적 쾌락(사심이 없는)과 다른 종류의 쾌락을 구별한다. (이런 견해는 칸트가 고안했다고 보기 어렵다. 흄만이 아니라 플라톤의 《대히피아스 Hippias Major》에서도 찾아볼 수 있기 때문이다.) 순수한 미적 판단은 우리가 결핍이나 욕구의 강제에서 자유롭고 실제 생활에서 무엇이 유용한지에 대해 무관심할 때(놀고 있을 때)에만 가능하다. 칸트는 또한 완전성 개념을 아름다움과 분리하면서 아름다운 것은 합리적으로 정의할 수 있는 어떤 목적에도 종속되지 않는다고 말한다.

우리가 미적 판단을 하는 대상들은 조화로운 상호작용을 파악하는 우리의 능력을 자극한다. 즉 우리의 상상력을 작동시켜 이해력과 감각을 통합하도록 하는 것 같다. 우리가 가진 능력들의 이런 조화로운 협력에서 아름다움의 느낌이 생겨난다. 아름다움의 판단에는 또한 다른 사람들도 우리의 미적 느낌에 동조할 것이라는 사고도 담겨 있다. 이 개념은 오직 이상적인 것 속에서만 완전히 달성될 수 있으며, 통계적·경험적 증거와는 별 관계가 없다. 그것은 모든 인간이 동일한 능력을 공유한다는 사실을 상정하며, 쾌락의 주관성과 선善과 미의 혼합을 초월하는 것, 그리고 개인적 한계에서 자유로워지는 것이 정언명령이다. 여기서 칸트는 이전의 객관적 보편성으로서의 미를 주관적 개념으로 변형한다.

아름다움에 관해 탐구하면서 윌리엄 셰익스피어William Shakespear를 마주치는 것은 필연적인 일일 것이다. 《열정적 순례자The Passionate Pilgrim》(1599)라는 모음집에 실린 다음의 시를 보자.

> 아름다움은 헛되고 의심스러운 선善일 뿐,
> 갑자기 사라지는 반짝이는 광택,
> 처음 싹이 트기 시작하면 죽는 꽃
> 머지않아 부서지는 깨지기 쉬운 유리
> 의심스러운 선善, 광택, 유리, 꽃
> 잃어버리고, 사라지고, 부서지고, 한 시간 안에 죽는
>
> 잃어버린 물건은 좀처럼 발견되지 않는 것처럼,
> 사라진 광택은 아무리 문질러도 살아나지 않는 것처럼,
> 죽은 꽃은 땅에 떨어져 시드는 것처럼,

깨진 유리는 시멘트로도 붙일 수 없는 것처럼,

아름다움도 한 번 흠집이 나면 영원히 사라진다.

약과 채색, 수고와 비용을 들여도.

흄과 칸트, 셰익스피어의 가장 유명한 상속자는 1990년《아름다움의 신화The Beauty Myth》를 출간해 비평계의 찬사를 받은 페미니스트 작가 나오미 울프Naomi Wolf다. 울프의 주장은 수년간 많은 논쟁의 대상이 된 탓에(그리고 악의적 조롱의 대상이 되었음을 언급해야 한다. 역사학자 아서 마릭Arthur Marwick은《그것: 미모의 역사 It: A History of Human Beauty》에서 울프의 저작을 '졸작'이라고 일축하지만, 울프의 미모는 빼먹지 않고 칭찬한다.), 그녀가 무슨 말을 했고 어떤 함의가 있었는지를 이해하는 것이 중요하다. 울프는 아름다움이 객관적·보편적으로 존재한다는, 즉 아름다움은 불가피하고 불변한다는 의견을 공공연히 비난하는 것으로 시작한다. 아름다움은 생물학적인 것이기 때문에 필연적이고 자연적이라는 '진화심리학'의 견해("강한 남성이 아름다운 여성을 차지하기 위해 싸우고, 아름다운 여성이 생식에서 더 성공적이다.")는 일종의 신화라는 것이다.

'아름다움'은 금본위제 같은 통화 체계다. 모든 경제가 그렇듯, 이 체계도 정치에 의해 결정되며, 현대 서구에서 이것은 남성의 지배를 고스란히 유지시켜 주는 최후의, 최고의 신념 체계다. 문화적으로 강요된 신체적 기준에 따라 수직적 위계 속에 여성들에게 가치를 할당하는 이 체계는 권력 관계의 표현이며, 이 관계 속에서 여성들은 남성들이 스스로 전유해 온 자원을 놓고 부자연스럽게 경쟁해야 한다.

이런 관점에서 보면, 아름다움은 "여성과 하등 관계가 없다. 그것은 남성의 제도이자 제도 권력의 문제다. 어떤 시대가 여성에게서 아름답다고 부르는 특질은 그 시대가 바람직하다고 간주하는 여성 행동의 단순한 상징일 뿐이다." 간단한 예를 들어 보자. 양차 대전이 도래하면서 여성은 가정 밖으로 나와 전시 자원 동원을 위해 일해야 했다. 공장에서 일하면서 봉급을 버는 것은 받아들일 만한 일임을 강조하는 데 걸맞은 아름다움의 신화가 차곡차곡 쌓였다. 하지만 전쟁이 끝날 때마다 여자들을 다시 가정으로 돌려보내야 했다. 귀국하는 병사들에게 노동 기회를 제공하고 소비자 경제에 연료를 공급해야 했기 때문이다. 그리하여 허구가 간단하게 변형되었다. 아름다운 여자는 자녀를 돌보는 가정주부라는 것이었다. 하지만 더 나아가, 사회를 바꾸려고 애쓰는 여자(또는 운동)를 폄하하기 위해 아름다움의 신화가 활용되었다. 참정권 운동가, 페미니스트, 사회주의자는 모두 아름다운 여성의 이상형에 맞지 않는다고 조롱받았다. 현대의 신화는 사회·정치·경제적으로 남성과 동등한 여성의 성취를 겨냥하기 위한 것이다. 여성의 아름다움에 관한 이미지는 여성의 진보에 맞서는 정치적 무기로 활용된다.

여성들이 법적·물질적 장애물을 더 많이 깨뜨릴수록, 여성의 미에 관한 이미지가 더 엄격하고 묵직하고 잔인하게 우리를 짓누르게 되었다. (…) 지난 10년간 여성들은 권력 구조에 돌파구를 열었다. 그러는 동안 식이 장애가 기하급수적으로 늘어나고, 성형외과가 가장 빠르게 성장하는 전공이 되었다. (…) 과거 어느 때보다도 많은 여성이 더 많은 돈과 권력, 더 많은 영역과 법적 인정을 누리고 있다. 하지만 우리가 자신의 신체에 대해 어떻게 느끼는가의 측면에서 보면 우리는 사실 해방되지 못한 우리 할머니 세대보다 훨씬 열악한 형편이다.

울프에게 아름다움의 신화는 여성적 속성과 행동의 '규칙'에 관한 기나긴 허위의 역사에서 최후의, 그리고 가장 위험한 지점이다. 가장 위험한 까닭은 이 신화가 여성들의 내적 자기 인식에 영향을 미치는 데 성공했기 때문이다. 아름다움의 신화는 달성하기가 불가능한 미의 기준을 만들어 냈으며, 여성들은 이런 이상에 다다르려고 애쓰면서 점차 강박적 행동으로 대응하고 있다. "아름다움의 백래시backlash라는 현대의 파괴 행위가 여성들을 신체적·심리적으로 유린하는 중이다. 다시 한번 여성성으로부터 만들어진 무거운 짐에서 벗어나고자 한다면, 여성들에게 우선 필요한 것은 투표권이나 로비스트, 플래카드가 아닐 것이다. 무엇보다도 새롭게 보는 방법이 필요할 것이다."

내가 흄과 칸트까지 거슬러 올라가는 연속선의 가장 가까운 지점에 울프를 둔 것은 그녀가 여러 면에서 주관적으로 정의된 미라는 관념으로의 복귀를 대표하기 때문이다. 이는 직관과 반대되는 듯 보이겠지만, 분명히 밝혀 두자. 울프나 나나 미의 기준이 존재한다는 것을 부정하지는 않는다. 이런 기준은 분명히 존재하며, 우리 각각의 탐구에서 중추를 형성한다. 예를 들어, 산업화된 대다수 문화에서는 비만의 낙인이 워낙 강력해서 개인들이 몸무게가 늘어나는 것을 막기 위해 온갖 노력을 기울인다. 한 조사에 따르면, 여성의 4분의 1 가까이가 원하는 몸무게를 얻을 수 있다면 남은 삶을 3년 이상 포기할 수 있다고 답했다. 또한 일부 여성은 과체중이 되는 것이 두려워서 임신하지 않는 쪽을 선택했다고 보고했다. 다른 연구들에 따르면, '매력 없는(보통 비만과 연관된)' 사람은 무능하고 게으

르고 자제력이 없다고 여겨지며, 이런 태도는 임금과 승진, 고용 관련 결정에 부정적인 영향을 미친다고 알려져 있다. '매력 없는' 사람은 또한 학교에서 또래들에게 놀림과 거부의 대상이 되어 결국 교사들이 부정적인 태도로 대하고, 대학 진학 확률이 낮아지고, 대학에서 부당하게 퇴짜 맞을 가능성이 높아진다. 심지어 한 연구에 따르면, 가족 구성원 수나 소득 같은 요인과 무관하게 과체중 자녀를 둔 부모는 마른 자녀를 둔 부모보다 자녀에게 재정 지원을 덜한다.

따라서 문화나 하위문화에 따라 달라질지라도 매력의 기준은 실제로 존재한다. 하지만 울프가 허구로 보는 것은 이런 기준이 엄격하고 보편적이라는 가정, 그리고 궁극적으로 미의 기준은 생물학적이고 진화의 결과이기 때문에 자연스럽다는 관념이다. 울프에게 문제는 미의 기준이 존재하는지 여부가 아니며, 또한 비방자들이 흔히 오해하는 것처럼 아름다움이 중요하지 않다고 우리에게 믿게 하려는 것도 아니다. 왜 그런 기준이 존재하며 그것은 어떤 목적에 이바지하느냐는 것이다. "허구적 신화에 직면할 때, 물어야 하는 질문은 여성의 얼굴과 몸에 관한 것이 아니라 현 상황의 권력관계에 관한 것이다. 봉사하는 것은 누구인가? 누가 말하는가? 누가 이익을 얻는가? 그 배경은 무엇인가?"

아름다움을 주관적으로 보든 객관적으로 보든 간에, 울프는 몇 가지 어려운 질문을 생각해 볼 것을 강요한다. 특히 현대의 선진 사회가 직면하는 많은 쟁점—식이 장애와 신체상 장애, 성형수술, 포르노그라피—은 여성권을 겨냥한 의도적 백래시가 낳은 결과다. 《아름다움의 신화》에 관해서는 할 말이 많지만, 아름다움이 대체로 남성이 지배하는 사회제도의 창조물이라는 울프의 의도에는 동의할 수 있으나 다른 문제들도 많다. 이제 탐구의 막바지를 향해 빠르게 다가가고 있으므로 다음의 사례들을 살펴보자.

울프의 주장에서 문제적인 첫 번째 요소는 여성에게 가해지는 사회적 압력과 관련된 쟁점들이 "상당히 최근에 고안된 것"이라는 점이다(울프는 현재의 백래시의 기원을 1970년대 페미니즘의 부상에 두지만, 다른 이들은 그녀의 독창적 사고를 19세기 유럽으로까지 확대한 바 있다). 울프는 아름다움의 신화의 증상들을 제대로 확인하지만, 이런 문제들이 존재하게 된 과정에 대한 추론에는 결함이 있다. 이런 문제들의 다수는 여성해방운동이 거대하게 일어나기 전에도 존재했기 때문에 이 문제들이 현재의 백래시가 낳은 결과에 불과하다는 주장은 받아들이기 어렵다. 예컨대 비만에 대한 낙인 찍기와 몇몇 형태의 식이 장애는 최소한 중세시대까지 거슬러 올라갈 수 있다. 정신과 의사 앨버트 스턴커

드Albert Stunkard와 동료들은 12세기 일본에서 이런 낙인 찍기의 사례 하나를 제시한다. 다양한 질병을 묘사한 두루마리 문서 《야마이노소시病草紙》에는 '뚱뚱한 여자'를 그린 묘사가 나온다. 그림에 붙은 설명은 다음과 같다.

최근에 시치조七条[교토의 구역]에서 굉장한 부자가 된 여자 고리대금업자가 있었다. 여자는 온갖 기름진 음식을 먹었기 때문에 몸이 뚱뚱해지고 살이 지나치게 많아졌다. 쉽게 걷지도 못해서 걸을 때는 하녀들의 도움을 받아야 했다. 하지만 그렇게 도와줘도 밭은 숨을 내쉬며 헐떡였고, 속도를 늦추지 않으면 고통스러워했다.

스턴커드 연구진은 이를 낙인 찍기의 초기 사례로 본다. "이 여자는 탐욕 때문에 부자가 되고, 다시 부자가 된 탓에 온갖 음식을 먹어서 몰락하게 되었다. 도덕적 쇠퇴를 향해 추락하는 궤적을 걸은 것이다. 그 시대의 당국은 이런 행동에는 업보가 따르며, 뚱뚱한 여자의 신체 상태는 그런 업보라고 보았다." 하지만 우리는 이를 문화에 제한된 현상으로 보아서는 안 된다. 15세기 유럽에서 지나친 비만은 흔히 권력과 전능한 신을 거스르는 죄로 간주되었다. 히에로니무스 보슈Hieronymous Bosch가 그림

〈일곱 가지 대죄The Seven Deadly Sins〉에서 폭식과 비만을 연결시킬 정도였다. 하지만 비만, 식이 장애, 포르노그라피, 그 밖에 울프가 제기하는 문제들에 대한 낙인 찍기가 모두 오늘날과 마찬가지로 지난 수백 년간 중요한 문제였다면, 울프의 가설을 시대를 관통해서 확대할 수 있을까? 하지만 여기서 우리는 다른 문제에 직면한다.

여성 억압이 수백, 수천 년간 존재했고, 아름다움의 문화적 기준이 분명 일정한 방식으로 여성의 행동에 압력을 가하기는 하지만, 아름다움의 신화가 여성을 계속 억압하려는 의도적이고 조직적인 시도라는 울프의 암시는 지나치게 일방적이고 극단적이다. 물론 울프의 암시는 페미니즘에서 확립된 가부장제 개념에서 빌려온 것이다. 남성 지배는 모든 특정한 정치적·경제적 사회 양식 위에 존재하며, 이는 포괄적이고 몰역사적인 현상이라는 개념이다. 하지만 이는 관념론자의 세계관이다. 물질적 현실에 뿌리를 두는 관념이 존재하지 않기 때문이다. 여기서 나는 여성 억압을 부정하려는 것이 아니다. 그보다는 여성 억압은 사회가 계급으로 분화되고 사적 소유가 발전하면서 나란히 생겨났다고 보는 것이다. 프리드리히 엥겔스Friedrich Engels의 구절을 빌리면, 이와 나란히 "여성의 세계사적 패배"가 벌어졌다. 사회가 발전함에 따라 억압은 다른 양상을 띤다. 상이한 생산양식이 발전하면 각기 다른 형태의 사회가 생겨나며, 사회가 변화함에 따라 여성 억압의 물질적 현실도 바뀐다. 모든 형태의 의식은 우리의 사회적 존재에 뿌리를 둔다. 따라서 여성 억압의 관념과 물질적 현실 모두 생산양식의 변화와 나란히 바뀌었다.

추상적 주장처럼 보일지 모르지만, 이런 논의는 우리가 아름다움의 신화를 보는 방식에 중요한 영향을 미친다. 가부장제 이론들은 투쟁의 분리, 즉 자본주의 사회에 맞서는 투쟁과 남성에 맞서는 투쟁을 분리하고 정당화하는 데 기여한다. 하지만 가부장제 이론가들은 이런 논증을 한층 더 밀고 나간다. 그들은 모든 남성이 가부장적 특권을 공통으로 갖는 것처럼 모든 여성은 공통점이 있다고 말하며, 이로부터 모든 여성은 계급이나 종족과 상관없이 여성 문제에 공감할 수 있다고 주장한다. 하지만 식이 장애와 신체상 장애를 겪는 남성이 늘어난다는 기록을 보면 이런 구분이 사실이 아님이 드러난다. 상이한 계급에 속하는 여성들 사이의 커다란 차이는 말할 것도 없다. 모든 여성이 경제적·사회적 권력을 박탈당하는 것은 아니다. 남성 또한 여성만큼이나 아름다움의 신화의 희생자다. 가부장제 이론은 여성들에게 아름다움의 신화로부터 해방될 수 있는 전략을 분명하게 제시하지 않는다. 남성 지배와 여성 종속은 영원한 진리, 또는 일부 '진화심리학자'들이 주장하는 것처럼 생물학적 진리가 아니라 사회적 구성물이다. 그리고 내 주장의 성격이 아직 분명히 밝혀지지 않았다면, 그 필연적인 결론은 노동계급 남성은 여성 억압자가 아니라는 것이다. 노동계급—남녀 모두—의 착취와 억압은 개인적 무기력과 소외로 이어지며, 바로 이런 착취는 계급 분할이 훨씬 더 중요하고 근본적인 사회의 분할이 되도록 보장해 준다.

여성 억압에 도전하는 열쇠, 그리고 아름다움의 신화를 해체하는 열쇠는 착취당하는 노동계급—여성과 남성—이 계급 사회를 뒤집어엎는 과정 속에 있다. 이는 단순한 망상이 아니다. 현대의 모든 혁명운동은 여성의 활동이 급증하고 미와 문화, 해방에 관한 온갖 새로운 사고가 꽃피는 결과를 동반했다. 한 예로, 1917년 러시아혁명 중에 여성해방이 현실적 가능성이 되었다. 보건 의료, 세탁, 레스토랑 등의 사회화는 모두 개별 가정의 부담을 사회 전체로 이동시키기 위한 수단으로 제공되었고, 따라서 여성 개인들의 부담을 덜어 주었다. 여성의 권리에 대한 법적 제한이 폐지되었다. 임신 중단과 피임·이혼이 가능해졌고, 결혼과 종교가 분리되었다. 오늘날에는 이 모든 것들이 특별하지 않은 기본적 개혁으로 보일지 모르지만, 20세기 초의 상황에서는 이례적인 성취였다. 혁명가 레온 트로츠키

Leon Trotsky는 다음과 같은 질문을 받자 이 점을 분명히 했다. "신청만 하면 이혼을 할 수 있다는 게 사실인가요?" 트로츠키는 이렇게 답했다. "물론입니다. 다른 질문을 하는 게 더 적절하지 않을까요? '혼인 관계에 있는 한쪽 당사자가 신청을 해도 이혼을 할 수 없는 나라가 아직도 있다는 게 사실인가요?'" 물론 여성해방이 이루어졌어도 오랜 세대를 거치면서 쌓인 유산을 불과 몇 년 만에 극복하지는 못했지만, 러시아혁명은 다른 모든 삶의 영역에서와 마찬가지로 여성의 지위, 그리고 여성에 대한 남성의 태도를 바꾸어 놓았다. 그렇다 하더라도 아름다움의 신화, 즉 미의 기준이 영원히 확립되어 있고 바꿀 수 없다는 허구를 무너뜨리는 것이 중요하다는 것을 입증한 울프에게 찬사를 보내야 마땅하다. 울프는 지금까지 우리가 질문한 것처럼 '아름다움이란 무엇인가?'라고 묻기보다는 다른 질문을 던지라고 권유한다. '왜 아름다움에 관심을 갖는가?'

1930년대 초에 이르러 멕시코 벽화가 디에고 리베라^{Diego Rivera}는 멕시코시티의 지자체 건물들을 장식한 열정적인 벽화로 국제적 팬층을 확보했다. 반자본주의적 이상과 멕시코 문화유산에 대한 치열한 몰두에 영감을 받은 작품들이었다. 미국에 초청을 받은 리베라는 '미국 놈들'에 대해 뿌리 깊은 의심을 품고 있으면서도 국경 북쪽에서 새롭게 발견한 명성을 활용하기로 결심한다. 샌프란시스코 증권거래소, 캘리포니아미술학교(리베라와 그의 팀이 작업하는 모습을 담은 벽화), 그리고 디트로이트미술관 안뜰에 리베라의 벽화가 등장한 뒤 부유한 후원자들이 그의 재능에 관심을 갖게 된다. 1932년, 애비 앨드리치Abby Aldrich가 남편 존 D. 록펠러John D. Rockefeller를 설득해 뉴욕시에서 완공을 눈앞에 둔 록펠러센터 로비에 벽화를 그려 달라고 리베라에게 의뢰하게 한다. 리베라는 의뢰를 받아들이고 산업과 과학, 사회주의와 자본주의의 상징적 교차로에 직면한 노동자들의 초상화를 63피트(약 19미터) 길이로 그리겠다고 제안한다. 〈갈림길에 선 인간Man at the Crossroads〉에서 메이데이 행진을 묘사하는 부분에 화가가 러시아 혁명가 블라디미르 레닌Vladimir Lenin의 얼굴을 집어넣자 곧바로 그의 반자본주의 이데올로기와 미술에 대한 선전선동적 접근을 둘러싸고 비판이 쏟아진다. 건물 관리자들은 리베라에게 이 불쾌한 이미지를 없애라고 통고하고, 리베라가 반대편에 에이브러햄 링컨Abraham Lincoln의 초상화를 넣어서 균형을 잡겠다고 제안하며 거부하자 작업 대금을 모두 치르고 현장 출입을 금지한다. 곧이어 거대한 천막으로 벽화를 가린다. 작품을 현대미술관MoMA으로 옮기는 교섭이 이루어지지만, 1934년 2월 10일 자정에 록펠러의 노동자들이 벽화를 철거한다.

리베라는 벽화 작품으로 기억되어야 마땅하다(한참 뒤에 그는 멕시코시티 미술궁전에 〈갈림길에 선 인간〉을 새로 그리면서 나이트클럽에 간 록펠러의 초상을 추가했다). 연작 벽화 〈디트로이트 산업The Detroit Industry Murals〉같이 철거를 면한 프레스코화들은 20세기의 걸작으로 귀한 대접을 받고 있다. 그는 또한 혁명 정치(나중에 그는 자신의 파란집casa azul을 망명객 트로츠키에게 내주었다)와 역시 탁월한 화가인 프리다 칼로Frida Kahlo와 함께한 생애로도 기억된다. 프리다 칼로의 뛰어난 자화상들은 회화에서 여성의 대상화에 문제를 제기하려 한 시도다. 여성을 더 이상 예술의 대상이 아니라 예술의 주체로 재정의하면서 칼로는 자주 자신을 실제보다 남성적으로 묘사했다. 그림 속 인물을 바라보면서 대상화하지 않게 하기 위한 장치였다. 리베라가 또한 한때 유명한 파블로 피카소가 이끈 초기 입체파 운동에 매혹되었다는 사실은 아마 그만큼 유명하지 않을 것이다. 파리에 체류하던 1914년부터 리베라는 직접 입체주의를 실험하기 시작했고, 입체파와 아방가르드의 흥미로운 성원들 중 하나로 여겨졌다. 미래파, 다다이즘, 인상파 같은 기묘한 동료들도 끌어당겼다.

아방가르드 화가들에게, 아름다움의 문제는 아예 문제로 제기되지도 않았다. 예컨대 입체파 거장 피카소는 이렇게 말할 정도였다. "미술은 미의 기준을 적용하는 것이 아니라 본능과 뇌가 어떤 기준도 넘어서 상상할 수 있는 것이다. 우리는 한 여자를 사랑할 때 그녀의 팔다리 치수를 재기 시작하지 않는다." 입체파 작품에서 인체를 포함한 대상은 해체되고 분석되어 하나의 추상화된 형태 속에 재조합된다. 대상을 단일한 고정된 시점에서 묘사하는 대신, 화가는 가장 완전한 방식으로 주체를 재현하기 위해, 동시에 여러 시각에서 주체를 묘사한다. 아방가르드는 존경받는 모든 미학적 기준을 무시하고 나선다. 미술은 이제 더 이상 자연의 아름다움이 담긴 이미지의 표현이 아니며, 조화로운 형태들의 응시로 보는 이에게 쾌락을 주려고 하지도 않는다. 피터르 코르넬리스 몬드리안Pieter Cornelis Mondriaan 이나 피에로 만초니Piero Manzoni같이 비례의 미학을 상기시키는 기하학적 조화 개념을 부활시킨 화가들조차 아름다움에 관한 전통적 사고에 도전했다. 그리하여 아방가르드가 추구한 목표는 다른 눈을 통해 세계를 재해석하도록 우리를 가르치는 것, 즉 다르게 보는 방법을 가르치는 것이었다.

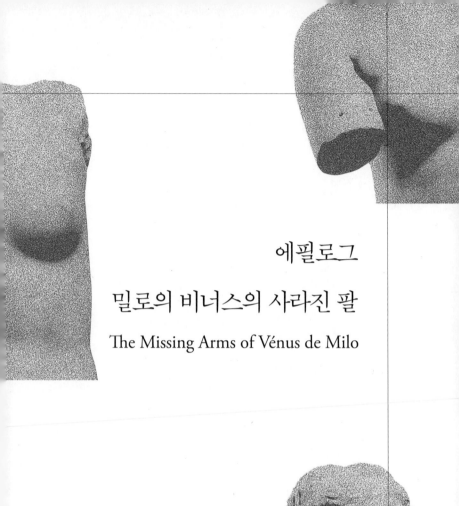

에필로그

밀로의 비너스의 사라진 팔

The Missing Arms of Vénus de Milo

"아름다움을 완벽함에서 찾을 필요는 없다."

루브르가 언제나 오늘날과 같은 거대한 궁전이었던 것은 아니다. 나폴레옹 보나파르트가 19세기 초에 그곳을 주궁으로 삼았을 때, 오늘날 이오 밍 페이$^{Ioeh\ Ming\ Pei}$의 유리 피라미드가 서 있는 중앙 안뜰에는 버려진 다세대 주택들이 미로처럼 얽힌 채 진흙과 쓰레기가 두텁게 쌓인 황량한 거리를 따라 늘어서 있었다. 1848년 소설 《사촌 베트$^{Cousin\ Bette}$》에서 오노레 드 발자크$^{Honoré\ de\ Balzac}$는 파리의 가장 비참한 주민들과 루브르 기념 건조물을 하나로 묶는 "불결함과 찬란함의 친밀한 동맹"을 묘사했다.

이 집들은 (⋯) 우뚝 솟은 루브르의 회랑이 던지는 영원의 그림자에 뒤덮여 있으며, 그쪽만 북풍으로 인해 거뭇하게 더러워져 있다. 어둠과 침묵과 싸늘한 냉기, 동굴처럼 깊고 움푹 파인 지면이 하나로 합쳐져서 이 집들은 흡사 지하 납골당이나 살아 있는 무덤처럼 보인다. 이륜마차로 반쯤 죽어 버린 것 같은 이 일대를 지나다 눈이 드와이엔의 막다른 골목으로 향하게 되면 사람들은 자신도 모르게 한기를 느끼며, 대체 누가 이런 곳에 살고 있는 것인지, 해가 떨어져 이 좁은 거리가 더할 나위 없이 소란스러운 장소로 일변하고, 파리의 악덕이라는 악덕이 전부 밤의 어둠이라는 망토에 몸을 감싼 채 마음껏 날뛰는 시각이 되면 여기서는 어떤 일이 일어날까 하는 생각이 절로 든다.

1821년 2월 〈밀로의 비너스〉가 도착한 곳이 바로 이 루브르였다. 6주 뒤 프랑스 고전학자이자 빙켈만의 제자인 카트르메르 드 캥시Quatremère de Quincy는 예술원 회합에서 "멜로스섬에서 발견된 고대 비너스 조각상에 관한 연구 보고"를 읽었다. 카트르메르는 이 발견이 중요한 의미를 갖는다는 간단한 말로 보고를 시작했다. "그리스 천재의 새로운 작품의 등장은 언제나 예술의 제국에서 하나의 사건이다. 무엇보다도 이 작품이 진품이거나 독창적인 작품으로 추정된다는 의심할 여지 없는 증언이 권위의 무게를 더해 줄 때는 더더욱 그러하다." 따라서 이 조각이 권위 있는 조각상인 것은 그것이 아름답기 때문이고, 또한 그리스의 진품임이 증거로 입증되기 때문이다. 물론 카트르메르는 파르테논 대리석 조각들의 경우도 마찬가지라고 말한다. 결국 이것이 중요한 점이었다. 마침내 프랑스도 엘긴 경이 파르테논의 페디먼트pediment(고대 그리스 건축에서 건물 입구 위의 삼각형 부분.─옮긴이)에서 뜯어낸 위대한 예술적 보물에 맞먹는 조각상을 찾아낸 것이다.

카트르메르는 계속해서 이 발견에 관해 설명하면서 조각상을 꼼꼼히 묘사한다. 더 나아가, 그는 처음 조각상을 보자마자 살짝 돌린 몸과 머리의 위치 때문에 원래는 다른 조각상과 무리를 지었을 것이 분명하다고 생각했다. 비너스 옆에는 전쟁의 신 마르스가 서 있었을 것이 틀림없었다. 〈밀로의 비너스〉의 사라진 두 팔은 마르스를 향해 뻗었을 것이 분명했다. 틀림없이 그의 팔을 만지면서 자신의 아름다움으로 마르스를 억눌러서 전쟁에 나가지 못하게 하려고 했을 것이다. 애걸하듯 마르스 쪽으로 돌아보는 비너스의 얼굴 표정에는 그가 전쟁에 나가지 않기를 바라는 마음이 담겨 있다. 카트르메르는 또한 비너스상을 마르스에게서 떼어내면서 두 팔이 부러졌으며, 비너스와 함께 발견된 다른 파편들─사과를 든 손, 팔의 파편, 각기 다른 두 헤르메스 두상─은 모두 나중에 복원된 작품의 부분이라고 주장한다. 그리고 마르스 조각상이 소실되었기 때문에 카트르메르는 비너스의 사라진 두 팔을 복원하는 것에 반대했다. "다른 작품들을 원상 복구 모델로 활용해서 두 팔을 복원하는 데 국한한다 하더라도 결국 비너스와 함께 있던 인물의 부재와 공허함만 두드러질 수 있다. 언제나 홀로 남겨진 조각상은 그 어떤 것도 보는 이에게 설명해 줄 수 없는 행동과 모호한 움직임을 낳을 수 있을 뿐이다."

하지만 당시 루브르의 골동품 관리인이었던 샤를 드 클라라크Charles de Clarac는 그의 주장에 동의하지 않았다. 하지만 비너스가 파르테논 대리석 군상들에 맞먹는, 시대를 규정하는 예술 작품이라고 주장하기 전에는 그의 주장에 동의했다. 클라라크는 조각상이 군상의 일부일 리 없다고 주장하며("만약 그 조각상이 군상의 일부라면, 왜 마르스의 흔적이 전혀 없는가?"), 소책자《승리의 비너스 고대 조각상에 관하여On the Antique Statue of Venus Victrix》에서 계속해서 오귀스트 드베가 젊은 시절 그린 사라진 받침대에서 시사한 것처럼 그 조각가가 안티오케이아의 알렉산드로스가 분명하다고 주장했다(1장에서 다룬, 사라진 받침대를 둘러싸고 벌어진 논쟁을 상기해 보라). 그리고 소책자의 표지에는 드베의 그림이 실려 있었다. 왼쪽 팔의 파편이 어깨에 붙은 채 지면과 평행하게 쭉 뻗어 있었다. 그리고 조각상 받침대의 왼쪽 편에는 너

VENUS VICTRIX,

découverte dans l'Île de Milo, au mois de Février 1820,
donnée au Roi le 1.er Mars 1821, par M.r le Marquis de Rivière
son Ambassadeur à Constantinople.

소책자 《승리의 비너스 고대 조각상에 관하여》 표지에 실린 드베의 그림.

무도 중요한 명문이 새겨진 깨진 받침대가 붙어 있었다. 이 그리스 조각상은 어쨌든 그리스 작품이 아니다. 그것은 헬레니즘 시대의 복제품에 더 가까웠다.

하지만 클라라크의 소책자도 〈밀로의 비너스〉를 여러 차례 다양하게 복원하는 것을 진정시키는 데 별로 기여하지는 못했으며, 아마 가장 중요한 복원품은 아돌프 푸르트뱅글러Adolphe Furtwängler의 《그리스 조각의 걸작들Meisterwerke der Griechischen Plastik》(1893)에 담겨 있을 것이다. 푸르트뱅글러는 멜로스섬에서 발견된 손과 팔의 단편들이 실제로 동일한 조각상의 일부이며, 비너스를 사과를 든 여신으로 복원해야 한다고 열렬히 주장했다. 그는 사과를 파리스의 심판만이 아니라 사과를 뜻하는 그리스어 'melon'과도 연결시켰다. 그리고 드베의 그림에서 명문 위의 받침대에 정사각형 구멍이 난 것이 보였기 때문에 푸르트뱅글러는 비너스가 아래팔을 허리 높이의 기둥에 올려놓고 손에는 사과를 쥐고 있었다고 복원했다. 크리스토필리스 마기디스Christofilis Maggidis 같은 몇몇 현대 학자들은 푸르트뱅글러의 가설에 찬성하는 주장을 되풀이하고 있지만(하지만 마기디스는 비너스 조각상에 튀어나온 왼쪽 발과 하반신에 걸친 천의 선을 받치기 위한 부착물이 하나 이상 있었을 것이라고 주장한다), 마리안느 아미오Marianne Hamiaux가 루브르를 위해 조각상을 다룬 저서 《그리스 조각Les

Sculptures Grècques》에서 주장한 것처럼 결정적인 결론이 가능하지 않다고 보아도 무방하다.

미술사학자 레이첼 쿠서Rachel Kousser에 따르면, 우리는 대개 〈밀로의 비너스〉를 시간을 초월한 예술 작품으로 감상하지만, 건축·문화·역사 등의 특정한 맥락에서 검토할 때 이 조각상을 더 잘 이해할 수 있다. 조각을 자세히 검토해 보면 따로 떼어놓고 음미하기보다는 헬레니즘 문화의 한층 폭넓은 경향을 보여주는 사례로 보아야 한다는 것을 알 수 있다. 현재를 위한 본보기 역할을 하기 위해 표준화되고 대단히 선별적인 과거상(파리스의 심판에서 신화적으로 그려진 것처럼, 아름다움과 삶의 선택 같은 문제의 측면에서)을 창조한 것이다. 쿠서는 헬레니즘 세계의 전역에서 이런 '과거의 창조'를 발견할 수 있지만, 전통적인 그리스 도시들의 김나시온(체육장)이 특히 중요한 역할을 했다고 주장한다.

젊은 남성 엘리트들에게 체육, 군사, 학문 훈련을 제공하는 이 기관은 발전하는 일련의 문서와 관습을 표준화하는 데 기여했을 뿐 아니라 이런 활동을 연속된 세대에 퍼뜨리는 데에도 도움이 되었다. 이 과정에서 김나시온들은 시간이 지나고 현재의 정치적·문화적 상황이 근본적으로 바뀌었음에도 불구하고 앞선 시대로부터 물려받은 전통이 현대에도 의미가 있다는 것을 강조했다.

이렇게 해서 〈밀로의 비너스〉는 어떻게 역사적·문화적·사회정치적 특질이 모두 결합해 우리에게 아름다움의 기준을 제공하는지를 유용하게 보여준다. 〈밀로의 비너스〉가 아름답다고 말하는 것은 그것을 둘러싼 역사적·문화적 현상에 비춰 볼 때에만, 그리고 보는 이와 보이는 것 양자의 사회적·정치적 경험과 관련해서만 타당하다. 그리고 여기서 우리는 물론 〈밀로의 비너스〉가 완벽하지 않다는 사실을 상기해야 한다. 비너스의 두 팔을 복원한다고 해도 그녀의 오른발은 12.5인치(약 31.8 센티미터)로 거대하고, 비너스는 약하고 균열이 생겼으며, 코끝이 사라지고 왼쪽 젖꼭지가 도려내졌다. 그렇다면 우리는 아름다움이 불완전함 속에 존재할 분명한 가능성에 마주한다. 그리하여 우리는 인간을 네 집단, 즉 아름다운 소수, '매력적인' 3분의 1, '못생긴' 나머지 절반, 중대한 신체장애로 고통받는 소수로 나눌 수 있다는 아서 마력의 악의적인 발상을 희화화할 수 있다. 공자가 상기시키는 것처럼 모든 것에는 아름다움이 있지만, 모든 사람이 그 아름다움을 보는 것은 아니다.("Everything has its beauty but not everyone sees it"이라는 말은 공자가 했다는 명언으로 오래전부터 유럽에서 전해지는 말인데, 출처를 확인할 수 없다. 더구나

공자 시대에 '美'라는 단어가 지금과 같은 '아름다움'을 뜻했다고 보기는 어렵다. 공자가 '미'에 관해 말한 것으로 유명한 구절은 《논어論語》 〈팔일편八佾篇〉에 나오는 진선진미盡善盡美. 盡美矣 又盡善也다. 여기서 공자는 순임금의 음악인 소악은 "아름다움과 착함을 두루 다했다"고 평하는 반면 무왕의 음악인 무악은 "아름다움은 다했지만 착함은 다하지 못했다"고 평한다. 즉 공자에게 '미'의 근본은 '선'이었다.─옮긴이) 물론 〈밀로의 비너스〉는 하나의 조각상일 뿐이지만, 그래도 논점은 여전하다. 아름다움을 완벽함에서 찾을 필요는 없다.

〈세펫Sepet〉(말 그대로는 외꺼풀 눈을 뜻하지만, 흔히 인종적 정형화로 사용된다)은 말레이시아의 감독이자 작가인 야스민 아흐마드Yasmin Ahmad가 만든 영화로, 해적판 영화 CD를 파는 중국인 제이슨과 말레이시아 여학생 오르케드의 첫사랑을 그린 작품이다. 제이슨이 중국어로 된 시를 어머니에게 읽어 주는 장면으로 시작하는데, 영화의 전체적인 톤을 규정하는 장면이다. 시는 벵골 시인 라빈드라나트 타고르Rabīndranāth Tagore가 쓴 것이며, 제이슨의 어머니는 자신이 전혀 다른 인종의 사람에게 공감할 수 있다는 것을 이상하게 여긴다. 아시아 어머니들은 언제나 예언자의 재능을 가진 것 같다. 제이슨은 그 직후 인종이 다른 사람들끼리 공감할 수 있을 뿐 아니라 사랑도 할 수 있다는 것을 깨닫는다. 말레이시아 노상 시장이 북적거리는 어느 분주한 날, 오르케드가 그의 가설 노점을 찾는다. 오간 대화는 짧지만, 큐피드의 화살에 맞을 만큼은 충분한 시간이다.

인간의 아름다움의 비밀을 탐구하는 우리는 이런 순간적인 이끌림을 합리적으로 설명할 수 있을까? 제이슨과 오르케드가 서로에게서 보는 것이 이상적 비례와 조화로운 대칭이라고 말할 수 있을까? 또는 두 사람이 호가스의 뱀처럼 구불구불한 곡선을 서로에게서 발견한 걸까? 오르케드의 허리-엉덩이 비율은 최적이고, 제이슨은 허리-가슴 비율이 딱 맞는가? 어쩌면 둘은 각자 매력적인 몸무게 범위에 해당하기 때문에 서로 매력적인 걸까? 그렇지만 이 가운데 어느 것도 충분해 보이지 않으며, 따라서 우리는 미의 기준은 다양하며 문화·성역할·사회경제적 지위에 따라 달라진다는 사고를 받아들인다. 하지만 그럼에도 불구하고 이는 두 사람이 서로의 매력에 이끌리는 상황에 대한 설명으로 충분해 보이지 않는다. 아름다움은 정의상 언제나 보는 이가 판단하는 것이다. 그리고 여기서 우리는 두 사람이 놓인 역사적·정치적 환경이 어떻게 그들의 매력 판단에 영향을 미치는지 질문할 수밖에 없다. 오르케드의 인생여정에서 그녀가 제이슨의 도드라진 '외꺼풀' 눈에 아랑곳하지 않게 된 계기는 무엇일까? 다른 이들은 왜 제이슨에게서 아름다움을 발견하지 못하는 걸까? 왜 오르케드는 그의 아름다움을 보는 걸까? 왜 그때, 그곳에서, 오직 두 사람만 서로에게서 매력을 발견하는 걸까? 기나긴 탐구의 끝에서 우리는 마침내 아름다움의 열쇠를 발견했다고 말할 수 있을까? 아니면 아름다움은 "봄날 피었다가 지는 꽃보다도 더 덧없는" 것이라고 말하는 보에티우스에게 동의해야 할까?

야스민 아흐마드는 이런 최초의 매력을 합리적으로 설명하려 하지 않는다. 아흐마드의 영화는 인종과 사회계급, 그 밖의 온갖 장애물을 뛰어넘는 첫사랑에 관한 아름다운 이야기다. 하지만 〈세펫〉은 다른 통렬한 이야기를 들려준다. 제이슨과 오르케드가 말을 하고 소통하기 시작하는 순간, 감히 말하자면 사랑에 빠지는 순간, 두 사람은 이제 더 이상 가죽 한 꺼풀에는 관심이 없다("미모도 따지고 보면 가죽 한 꺼풀Beauty is only but skin-deep"이라는 속담이 있다.—옮긴이). 두 사람은 이제 더 이상 피부색이나 몸무게, 눈 모양에 집착하지 않는다. 그들은 신체 이면에 존재하는 것에 관심이 있으며, 서로의 주관성에 홀딱 반한다. 아름다움의 비밀은 어쩌면 바로 여기에 있을 것이다. 신체적 특징은 규범적인 것이 아니라 묘사적(기술적)이며, 그 특징이 무언가를 묘사할 때에도 한심할 정도로 불충분하다. 결국 바로 이 때문에 우리는 각자 다른 누군가에게 아름답게 보인다.

|더|읽|을|거|리|

다음의 목록은 이 책에서 다루는 주제들에 관한 학술논문·단행논문·단행본 등이며, 일부는 본문에 인용되어 있다(출처목록은 '출처와 제공자'에서 볼 수 있다). 미학 일반에 관해 더 자세한 설명을 찾는 이들은 존 암스트롱의 《미의 은밀한 힘》(John Armstrong, *The Secret Power of Beauty*, London: Penguin, 2005)과 움베르토 에코의 《미의 역사》(Umberto Eco, *On Beauty: A History of a Western Idea*, London: Secker & Warburg, 2004[국내 출간: 움베르토 에코, 이현경 옮김, 《미의 역사》, 열린책들, 2005])를 보면 된다. 두 책 모두 미려한 서술이 돋보이는 저서다. 오늘날 〈밀로의 비너스〉에 관한 설명으로 가장 훌륭한 책은 그레고리 커티스의 《무장해제: 밀로의 비너스 이야기》(Gregory Curtis, *Disarmed: The Story of the Venus de Milo*, Gloucestershire: Sutton Publishing, 2003)다.

1장 파리스의 심판

초기 아프로디테 숭배에 관한 전반적인 설명은 제프리 그릭슨의 《사랑의 여신》(Geoffrey Grigson, *The Goddess of Love*, London: Stein & Day, 1976)과 나이절 스파이비의 《그리스 조각의 이해: 고대의 의미, 현대의 독해》(Nigel Spivey, *Understanding Greek Sculpture: Ancient Meanings, Modern Readings*, London: Thames & Hudson, 1997, 173쪽 이하)에서 볼 수 있다. 루키아노스의 대화에 관한 미셸 푸코의 논의는 《성의 역사》 3권(Michel Foucault, *History of Sexuality: The Care of the Self*, Harmondsworth: Penguin, 1990(국내 출간: 미셸 푸코, 이혜숙·이영목 옮김, 《성의 역사 3: 자기 배려》, 나남출판, 2020), 211쪽 이하)에서 볼 수 있다. 〈밀로의 비너스〉에 관한 아돌프 푸르트벵글러의 초창기 연구는 〈라베송의 '밀로의 비너스' 검토〉(Adolf Furtwängler, "Review of Ravaisson's *La Vénus de Milo*," in *Berliner Philologische Wochenschrift*, August 26, 1893, 1107쪽)다. 푸르트벵글러는 나중에 《그리스 조각의 걸작들》(*Masterpieces of Greek Sculpture*, translated by Eugenie Sellers Strong, Chicago: Argonaut, 1964)을 출간했다. 〈밀로의 비너스〉를 다룬 좀 더 종합적인 최신 역사는 그레고리 커티스의 《무장해제》에서 볼 수 있다.

2장 철학자들의 미

피타고라스 미학파에 관한 가장 친절한 설명은 존 암스트롱의 《미의 은밀한 힘》에서 찾아볼 수 있다. 아니키우스 보에티우스의 발췌 글을 따온 움베르토 에코의 도판 있는 역사책《미의 역사》도 그에 못지않게 매력적이다. 루돌프 위트코워의 《휴머니즘 시대의 건축 원리》(Rudolf Wittkower, *Architectural Principles in the Age of Humanism*, London: Academy Press, 1998)는 건축에서 비례 원리를 소개하는 좋은 책으로, 여러 이론가 중에서도 안드레아 팔라디오와 아돌프 차이징의 견해를 논의한다. 스토아 철학에 관한 갈레노스의 견해에 관해서는 퇸 틸레만의 《갈레노스와 크리시포스의 영혼론》(Teun Tieleman, *Galen and Chrysippus on the Soul*, London, Brill: 1996)을 보라. 그리스 조각에서 비례가 얼마나 중요한지에 관한 더 많은 논의는 나이절 스파이비의 《그리스 조각의 이해》(29쪽 이하)에 요약되어 있다. 인간의 몸과 측정의 연관에 관해서는 메리 더글러스의 《자연의 상징들: 우주론 탐구》(Mary Douglas, *Natural Symbols: Explorations in Cosmology*, London: Rougledge, 1996〔국내 출간: 메리 더글러스, 방원일 옮김,《자연 상징》, 이학사, 2014〕)를 보라. 구스타프 테오도어 페히너의 책은 원래 독일어로 출간되었지만 현대 영어 번역본도 있다(Gustav

Theodor Fechner, *Zür Experimentalen Äesthetik*, Leipzig: Hirzel, 1871;

Vorschule der Äesthetik, Hildesheim: Georg Helms, 1878).

대칭의 심리학적 연구에 관해서는 다음의 자료를 보라. S. W. 갱이스터드와 R. 손힐의 〈혼외 성교의 진화심리학: 변동하는 비대칭의 역할〉(S. W. Gangestad and R. Thornhill, "The Evolutionary psychology of extra-pair sex: The role of fluctuating asymmetry" in *Evolution and Human Behavior*, 18 (1997), 69~88쪽); K. 그래머와 R. 손힐의 〈매력적인 얼굴과 성선택: 대칭과 평균의 역할〉(K. Grammer and R. Thornhill, "Facial attractiveness and sexual selection: The role of symmetry and averageness" in *Journal of Computational Psychology*, 108 (1994), 233~242쪽); J. H. 랑글루아, L. A. 로그먼, L. 머슬먼, 〈매력적인 얼굴에서 무엇이 평균이고 무엇이 비평균인가〉(J. H. Langlois, L. A. Roggman and L. Musselman, "What is average and what is not average about attractive faces," in *Psychological Science*, 5 (1994), 214~222쪽); R. 손힐과 S. W. 갱이스터드, 〈변동하는 비대칭과 인간의 성 행동〉(R. Thornhill and S. W. Gangestad, "Fluctuating asymmetry and human sexual behavior" in *Psychological Science*, 5 (1994), 297~302쪽); R. 손힐과 S. W. 갱이스터드, 〈인간의 얼굴의 미: 평균, 대칭, 기생충 내성〉(R. Thornhill and S. W. Gangestad, "Human facial beauty: Averageness, symmetry and parasite resistance" in *Human Nature*, 4 (1995), 237~269쪽); R. 손힐, S. W. 갱이스터드, R. 코머, 〈인간 여성의 오르가슴과 짝의 변동하는 비대칭〉(R. Thornhill, S. W. Gangestad and R. Comer, "Human female orgasm and mate fluctuating asymmetry" in *Animal Behavior*, 50 (1995), 1601~1615쪽); M. J. 토비, K. 태스커, P. J. 벤슨, 〈대칭은 인간 여성 신체의 매력을 알려주는 시각적 단서인가?〉(M. J. Tovée, K. Tasker, and P. J. Benson, "Is symmetry a visual cue to attractiveness in the human female body?" in *Evolution and Human Behavior*, 21 (2000), 191~200쪽); D. W. 자이들, S. M. 아드, K. 베이그, 〈인간 얼굴의 대칭, 미, 건강〉(D. W. Zaidel, S. M. Aarde, and K. Baig, "Appearance of symmetry, beauty and health in human faces" in *Brain and Cognition*, 57 (2005), 261~263쪽).

3장 다윈의 유산

오늘날 찰스 다윈과 그의 자연선택론에 관한 문헌은 방대하다. 다윈 자신이 쓴 저작 가운데 가장 널리 읽히는 것은 《자연선택에 따른 종의 기원》(Charles Darwin, *On the Origin of Species by Means of Natural Selection*, London: Murray, 1859[한국어판 다수])과 《인간의 유래와 성선택》(*The Descent of Man, and Selection in Relation to*

Sex, London: Murray, 1871〔한국어판 다수〕)이다. 두 책 모두 http://www.darwin-literature.com에 온라인으로 출간되어 있다. 진화론에 관한 최근의 훌륭한 설명은 고 스티븐 제이 굴드의 기념비적 저작인 《진화론의 구조》(Stephen Jay Gould, *The Structure of Evolutionary Theory*, London: Belknap, 2000)다. 비교적 분량이 적고 쉽게 읽을 수 있는 책으로는 존 뒤프레의 《다윈의 유산: 오늘날 진화의 의미》(John Dupré, *Darwin's Legacy: What Evolution Means Today*, Oxford: Oxford University Press, 2005)가 있다.

진화심리학을 다룬 책도 부족함이 없다. 강한 버전의 진화심리학을 지지하는 이들에게 고전적인 텍스트는 여전히 제롬 바코와 레다 코스미디스, 존 투비가 엮은 《적응된 마음: 진화심리학과 문화의 세대》(Jerome Barkow, Leda Cosmides, John Tooby eds., *The Adapted Mind: Evolutionary Psychology and the Generation of Culture*, New York: Oxford University Press, 1992)다. 다른 유용한 입문서로는 데이비드 버스의 《진화심리학》(D. Buss, *Evolutionary Psychology: The New Science of the Mind*, Boston: Allyn & Bacon, 1999 〔국내 출간: 데이비드 M. 버스, 이충호 옮김, 《진화심리학》, 웅진지식하우스, 2012〕); 리처드 도킨스, 《이기적 유전자》(R. Dawkins, *The Selfish Gene*, Oxford: Oxford University Press, 1976)〔국내 출간: 리처드 도킨스, 홍영남·이상임 옮김, 《이기적 유전자》, 을유문화사, 2018〕); 대니얼 데닛,

《다윈의 위험한 생각: 진화와 삶의 의미》(D. C. Dennett, *Darwin's Dangerous Idea: Evolution and the Meaning of Life*, Harmondsworth: Penguin, 1995); 스티븐 핑커, 《마음은 어떻게 작동하는가》(S. Pinker, *How the Mind Works*, New York: Norton, 1997(국내 출간: 스티븐 핑커, 김한영 옮김, 《마음은 어떻게 작동하는가》, 동녘사이언스, 2007)) 등이 있다. 진화심리학을 인간의 성 행동에 적용한 논의로는 데이비드 버스, 《욕망의 진화》(David Buss, *The Evolution of Desire*, New York: Basic Books, 1994(국내 출간: 데이비드 M. 버스, 전중환 옮김, 《욕망의 진화》, 사이언스북스, 2007)); 데이비드 버스, 《위험한 열정》 (David Buss, *The Dangerous Passion: Why Jealousy is as Necessary as Love and Sex*, New York: Simon & Schuster, 2000(국내 출간: 데이비드 M. 버스, 이상원 옮김, 《위험한 열정: 질투》, 추수밭, 2006)); D. 버스와 D. T. 켄릭, 〈진화사회심리학〉(D. Buss and D. T. Kenrick, "Evolutionary social psychology" in D. T. Gilbert, S. T. Fiske, and G. Lindzey (Eds.) *Handbook of Social Psychology*, 4th Edition, Volume II, Boston: McGraw-Hill, 1998, 982~1026쪽); 낸시 에트코프, 《미자생존: 아름다움의 과학》(N. Etcoff, *Survival of the Prettiest: The Science of Beauty*, New York: Doubleday, 1999(국내 출간: 낸시 에트코프, 이기문 옮김, 《美》, 살림, 2000)) 등이 있다.

허리-엉덩이 비율을 인간 매력의 핵심적 구성 요소로 보는 데벤드라 싱의 독창적인 논문 〈여성의 신체적 매력의 적응적 중요성: 허리-엉덩이 비율의 역할〉(Devendra Singh, "Adaptive significance of female physical attractiveness: Role of waist-to-hip ratio" in *Journal of Personality and Social Psychology*, 65 (1993), 292~307쪽)은 1993년에 발표되었다. 싱이 쓴 다른 유용한 논문으로는 〈몸의 형태와 여성의 매력: 허리-엉덩이 비율의 결정적 역할〉("Body shape and women's attractiveness: The critical role of waist-to-hip ratio" in *Human Nature*, 4 (1993), 297~321쪽); 〈마른 몸이 정말로 아름답고 좋은가? 허리-엉덩이 비율과 여성의 매력의 관계〉("Is thin really beautiful and good? Relationship between waist-to-hip ratio(WHR) and female attractiveness" in *Personality and Individual Differences*, 16 (1994), 123~132쪽); 〈신체 지방 분포와 젊은 흑인 남녀가 생각하는 바람직한 여성 몸매〉("Body fat distribution and perception of desirable female body shape by young black men and women" in *International Journal of Eating Disorders*, 16 (1994), 289~294쪽); 〈한눈에 보는 여성의 짝 가치: 허리-엉덩이 비율과 건강, 생식력, 매력의 관계〉("Female mate value at a glance: Relationship of waist-to-hip ration to health, fecundity and attractiveness" in *Human Ethology and Evolutionary Psychology*, 23 (2002), 81~91쪽); 〈젊은 여성의 짝짓기 전략: 신체적 매력의 역할〉("Mating strategies of young women: Role of physical attractiveness" in *Journal of Sex Research*, 41 (2004), 43~54쪽) 등이 있다.

허리-엉덩이 비율을 다룬 다른 연구들은 다음과 같다. R. D. 그레이, M. 히니, S. 페어홀, 〈진화심리학과 적응적 설명의 과제〉(R. D. Gray, M. Heaney, and S. Fairhall, "Evolutionary Psychology and the challenge of adaptive explanations" in K. Sterelny and J. Fitness (Eds.), *From Mating to Mentality: Evaluating Evolutionary Psychology*, London: Psychology Press, 2003, 247~268쪽); R. 헨스, 〈허리-엉덩이 비율과 여성의 매력: 사진 자극에서 나온 증거와 방법론적 고찰〉(R. Henss, "Waist-to-hip ration and female attractiveness: Evidence from photographic stimuli and methodological considerations" in *Personality and Individual Differences*, 28 (2000), 501~513쪽); S. A. 스트리터와 D. 맥버니, 〈허리-엉덩이 비율과 매력: 새로운 증거와 비판적 시험을 위한 비판〉(S. A. Streeter and D. McBurney, "Waist-to-hip ration and attractiveness: New evidence and a critique for a critical test" in *Evolution and Human Behavior*, 24 (2003), 88~98쪽); L. G. 태시너리와 K. A. 핸슨, 〈여성의 신체적 매력에 관한 허리-엉덩이 비율 가설의 비판적 시험〉(L. G. Tassinary and K. A. Hansen, "A critical test of the waist-to-hip ratio hypothesis of female physical attractiveness" in *Psychological Science*, 9 (1998), 150~155쪽).

이 책에서 인용한 여성의 젖가슴에 관한 과학적 연구는 다음과 같다. J. G. H. 캔트, 〈인간 유방과 엉덩이의 진화에 관한 가설〉(J. G. H. Cant, "Hypothesis for the evolution of human breasts and buttocks" in *American Naturalist*, 117 (1981), 119~204쪽); B. S. 로, 〈성선택과 인간의 장식물〉(B. S. Low, "Sexual selection and human ornamentation" in N. A. Chagnon and W. Irons (Eds.), *Evolutionary Biology and Human Social Behavior*, North Scituate, Massachusetts: Duxbury); F. 말로, 〈결혼 적령기 가설: 잔여 재생산 가치를 가장 뚜렷하게 보여주는 신호인 인간의 유방〉(F. Marlowe, "The nubility hypothesis: The human breast as an honest signal of residual reproductive value" in *Human Nature*, 9 (1998), 263~271쪽); A. 마저, 〈여성의 미에 관한 미국의 추세와 과잉 적응〉(A. Mazur, "US trends in feminine beauty and overadaptation" in *The Journal of Sex Research*, 22 (1986), 281~303쪽); A. 펀햄, K. 샤, V. 스와미, A. 매클릴런드, P. 바구마, 〈체질량지수, 허리-엉덩이 비율, 가슴 크기는 영국과 우간다의 신체적 매력 등급과 상관관계가 있다〉(A. Furnham, K. Shah, V. Swami, A. McClelland and P. Baguma, "Body mass index, waist-to-hip ratio and breast size correlates of ratings of physical attractiveness in Britain and Uganda", 미간행 초고).

아돌프 케틀레의 《인간과 능력 계발에 관하여: 사회물

리학 시론》(Adolphe Quetelet, *Sur l'homme et le dévelopment de se facultés, ou Essai de physique sociale*)은 영어판(*A Treatise on Man and the Development of His Faculties*, London, 1842)으로 볼 수 있다. 마틴 토비와 동료들은 체질량지수가 허리-엉덩이 비율보다 여성의 매력에 관한 더 중요한 예측 지표임을 보여주는 많은 논문을 발표했다. M. J. 토비와 P. L. 코르넬리슨, 〈정면 모습과 옆모습의 여성의 신체적 매력에 관한 여성과 남성의 지각〉(M. J. Tovée and P. L. Cornelissen, "Female and male perceptions of female physical attractiveness in front-view and profile" in *British Journal of Psychology*, 92 (2001), 391~402쪽); M. J. 토비, P. 핸콕, S. 마무디, B. R. R. 싱글턴, P. L. 코르넬리슨, 〈인간 여성의 매력: 체형의 파형 분석〉(M. J. Tovée, P. Hancock, S. Mahmoodi, B. R. R. Singleton and P. L. Cornelissen, "Human female attractiveness: Waveform analysis of body shape" in *Proceedings of the Royal Society of London (B)*, 269 (2002), 2205~2213쪽); M. J. 토비, D. S. 메이시, J. L. 에머리, P. L. 코르넬리슨, 〈여성의 신체적 매력을 알려주는 시각적 단서〉(M. J. Tovée, D. S. Maisey, J. L. Emery and P. L. Cornelissen, "Visual cues to female physical attractiveness" in *Proceedings of the Royal Society of London (B)*, 266 (1999), 211~218쪽); M. J. 토비, S. 라인하트, J. 에머리, P. 코르넬리슨, 〈최적의 체질량지수와 최대의 성적 매력〉(M. J. Tovée, S.

Reinhardt, J. Emery, and P. Cornelissen, "Optimum body-mass index and maximum sexual attractiveness" in *Lancet*, 352 (1998), 548쪽).

관련된 다른 연구들은 다음과 같다. J. 판, F. 리우, J. 우, W. 다이, 〈여성의 신체적 매력에 대한 시각적 지각〉(J. Fan, F. Liu, J. Wu and W. Dai, "Visual perception of female physical attractiveness" in *Proceedings of the Royal Society of London (B)*, 271 (2004), 347~352쪽); R. M. 풀과 F. J. 볼런드, 〈여성의 신체적 매력 예측하기: 허리-엉덩이 비율인가, 마른 몸매인가〉(R. M. Puhl and F. J. Boland, "Predicting female physical attractiveness: Waist-to-hip ratio versus thinness" in *Psychology, Evolution and Gender*, 3 (2001), 27~46쪽); J. M. B. 윌슨, D. A. 트립, F. J. 볼런드, 〈허리-엉덩이 비율과 체질량지수가 각각 매력 판단에 상대적으로 기여하는 정도〉(J. M. B. Wilson, D. A. Tripp and F. J. Boland, "The relative contributions of waist-to-hip ratio and body mass index to judgements of attractiveness" in *Sexualities, Evolution and Gender*, 7 (2005), 245~267쪽).

나는 특히 도러시 에이넌과 나눈 대화를 통해 허리-엉덩이 비율이 많은 자료에서 성별 예측 지표로 기능한다는 사고를 발전시켰다. 케리 존슨과 루이스 태시너리의 몇몇 예비 연구는 이런 가설을 뒷받침하는 것으로 보인다(Kerri Johnson and Louis Tassinary, "Perceiving sex directly and indirectly" in *Psychological*

Science, 16 (2005), 890~897쪽). 마틴 토비와 동료들도 미완성의 형
태로나마 비슷한 제안을 한 바 있다. 매력적인 남성의 허리-
엉덩이 비율에 관한 싱의 연구는 〈남성의 매력과 관계 희망
에 대한 여성의 판단: 허리-엉덩이 비율과 경제적 지위의 역
할〉("Female judgement of male attractiveness and desirability for
relationships: Role of waist-to-hip ratio and financial status" in *Journal
of Personality and Social Psychology*, 69 (1995), 1089~1101쪽)이다.

4장 두꺼비와 악마

빌렌도르프의 비너스 같은 초기의 뚱뚱한 여자 이미지를 논외
로 하더라도, 여성을 그린 많은 유명한 회화가 0.70이라는 이
상화된 허리-엉덩이 비율을 묘사하지 않는 것은 사실이다. 예
를 들어, 페테르 파울 루벤스의 회화에 벌거벗고 나오는 여자
들의 허리-엉덩이 비율을 측정한 결과 평균 수치가 0.70보다
상당히 높았는데, 이는 루벤스(와 어쩌면 그 시대의 유럽 문화)가 육
감적인 여성을 이상화했다는 사고와 확실히 일치한다. V. 스
와미, M. 그레이, A. 펀햄, 〈루벤스 그림 속 여성의 누드: 여성
의 신체적 매력에 관한 허리-엉덩이 비율 가설이 사실이 아님
을 보여주는 증거〉(V. Swami, M. Gray and A. Furnham, "The female

nude in Rubens: Disconfirmatory evidence of the waist-to-hip ratio hypothesis of female physical attractiveness," *Imagination, Cognition and Personality*에 게재 예정).

허리-엉덩이 비율을 검토하는 비교문화 연구로 가장 널리 인용되는 두 논문은 다음과 같다. A. 웨츠먼과 F. 말로, 〈여성의 허리-엉덩이 비율에 대한 선호는 얼마나 보편적인가? 탄자니아 하드자족에게서 발견한 증거〉(A. Wetsman and F. Marlowe, "How universal are preferences for female waist-to-hip ratios? Evidence from the Hadza of Tanzania" in *Evolution and Human Behavior*, 20 (1999), 219~228쪽); D. W. 유, G. H. 셰퍼드, 〈아름다움은 보는 사람의 눈 속에 있는가?〉(D. W. Yu and G. H. Shepard, "Is beauty in the eye of the beholder?" in *Nature*, 396 (1998), 321~322쪽). 프랭크 말로와 애덤 웨츠먼은 또한 하드자족에게서 발견한 데이터를 담은 두 번째 논문을 발표했다(〈선호되는 허리-엉덩이 비율과 생태〉("Preferred waist-to-hip ratio and ecology" in *Personality and Individual Differences*, 30 (2001), 481~489쪽)). 에이드리언 펀햄이 영국인, 그리스인, 우간다인을 비교한 연구는 A. 펀햄, J. 무타피, P. 바구마, 〈몸무게와 허리-엉덩이 비율이 여성의 매력 평가에서 하는 역할에 관한 비교연구〉(A. Furnham, J. Moutafi, and P. Baguma, "A cross-cultural study on the role of weight and waist-to-hip ratio on judgements of women's attractiveness" in *Personality and Individual Differences*, 32 (2002), 729~745쪽)다. R. E. K. 프리드먼, M. M. 카터, T. 스브로코, J. J. 그레이, 〈여성의 몸무게와 허리-엉덩이 비율에 대한 선호의 종족적 차이: 아프리카계 미국인과 백인 미국인 대학과 지역사회의 표본 비교〉(R. E. K. Freedman, M. M. Carter, T. Sbrocco and J. J. Gray, "Ethnic differences in preferences for female weight and waist-to-hip ratio: A Comparison of African-American and White American college and community samples" in *Eating behaviors*, 5 (2004), 191~198쪽)도 보라.

허리-엉덩이 비율이 자녀 성별의 예측 지표라는 견해에 관해서는 J. T. 매닝, K. 앤더턴, S. M. 워싱턴, 〈여성의 허리둘레와 자녀의 성비: 이상적인 여성 몸매의 진화적 측면〉(J. T. Manning, K. Anderton and S. M. Washington, "Women's waist and the sex ratio of their progeny: Evolutionary aspects of the ideal female body shape" in *Journal of Human Evolution*, 31 (1996), 41~47쪽); D. 싱과 R. J. 잠보라노, 〈남성형 신체 지방 분포를 가진 여성의 자녀 성비〉(D. Singh and R. J. Zamborano, "Offspring sex ratio in women with android body fat distribution" in *Journal of Human Biology*, 69 (1997), 545~556쪽) 등을 보라. 이 견해가 틀렸음을 밝힌 논의로는 M. J. 토비, J. E. 브라운, D. 제이콥스, 〈어머니의 허리-엉덩이 비

율로 아동의 성별을 예측할 수 없다〉(M. J. Tovée, J. E. Brown and D. Jacobs, "Maternal waist-hip ratio does not predict child gender" in *Proceedings of the Royal Society of London (B)*, 268 〔2001〕, 1007~1010쪽)를 보라. 허리-엉덩이 비율과 매력의 가설에 대한 로렌스 스기야마의 설명(Lawrence Sugiyama, "Is beauty in the context-sensitive adaptations of the beholder? Shiwiar use of waist-to-hip ratio in assessments of female mate value" in *Evolution and Human Behavior* 25 〔2004〕, 51~62쪽)도 보라.

루벤스에 관한 더 자세한 내용은 J. S. 헬드,《루벤스와 루벤스파》(J. S. Held, *Rubens and His Circle*, Princeton: Princeton University Press, 1982); D. 페그헬름과 M. 커스팅,《루벤스와 그의 여자들》(D. Feghelm and M. Kersting, *Rubens and His Women*, London: Prestel Verlag, 2005)을 보라. 클렐런 포드와 프랭크 비치의 획기적인 저서는 1952년에 처음 출간되었다(Clellan Ford and Frank Beach, *Patterns of Sexual Behavior*, New York: Harper, 1952). 일부 문화가 풍만한 몸매에 대한 선호를 보인다는 견해를 확장한 다른 연구들은 다음과 같다. A. E. 베커,《신체적 자아와 사회: 피지에서 얻은 견해》(A. E. Becker, *Body Self and Society: The View From Fiji*, Philadelphia: University of Pennsylvania Press, 1995); A. A. 브루이스, S. T. 맥가비, J. 존스, B. 스윈번, 〈태평양 섬사람들의 신체

사이즈 지각〉(A. A. Brewis, S. T. McGarvey, J. Jones and B. Swinburn, "Perceptions of body size in Pacific Islanders" in *International Journal of Obesity*, 22 〔1998〕, 185~189쪽); A. 펀햄과 N. 알리바이, 〈여성의 몸매에 대한 지각의 비교문화적 차이〉(A. Furnham and N. Alibhai, "Cross-cultural differences in the perception of female body-shapes" in *Psychological Medicine*, 13 〔1983〕, 829~837쪽); A. 펀햄과 P. 바구마, 〈남성과 여성의 몸매 평가의 비교문화적 차이〉(A. Furnham and P. Baguma, "Cross-cultural differences in the evaluation of male and female body shapes" in *International Journal of Eating Disorders*, 15 〔1994〕, 81~89쪽). 그 밖에도 아프리카계 미국인과 미국 백인은 이상적 몸매 지각이 다르다는 것을 보여주는 연구가 많다. M. L. 피츠기본, B. 스프링, M. E. 에이블론, L. R. 블랙먼, R. 핀지토어, M. R. 스톨리, 〈히스패닉, 흑인, 백인 여성의 폭식의 상관관계〉(M. L. Fitzgibbon, B. Spring, M. E. Avellone, L. R. Blackman, R. Pingitore, and M. R. Stolley, "Correlates of binge eating in Hispanic, black and white women" in *International Journal of Eating Disorders*, 24 〔1998〕, 43~52쪽); M. 크레이고, C. M. 시슬락, L. S. 에스테스, 〈미국 소수 집단의 식이 장애: 리뷰〉(M. Crago, C. M. Shisslak and L. S. Estes, "Eating disturbances among American minority groups: A review" in *International Journal of Eating Disorders*, 19 〔1996〕, 239~248쪽).

말레이시아에서 여성의 신체적 매력에 관한 우리의 연구
는 다음과 같다. V. 스와미와 M. J. 토비, 〈영국과 말레이시아에
서 여성의 신체적 매력: 비교문화 연구〉(V. Swami and M. J. Tovée,
"Female physical attractiveness in Britain and Malaysia: A cross-
cultural study" in *Body Image*, 2 (2005), 115~128쪽); V. 스와미, M. J.
토비, A. 펀햄, 〈세 사회에서 여성의 매력에 대한 평가에서 허
리-엉덩이 비율과 체질량지수의 상대적 기여〉(V. Swami, M. J.
Tovée and A. Furnham, "The relative contributions of profile waist-to-
hip ratio and body mass index to judgements of female attractiveness
in three societies", 미간행 초고). 이런 경향의 다른 비교문화 연
구는 M. J. 토비, V. 스와미, A. 펀햄, R. 망갈파사드, 〈관찰자
가 다른 문화에 노출될 때 변화하는 매력 지각〉(M. J. Tovée, V.
Swami, A. Furnham and R. Mangalparsad, "Changing perceptions
of attractiveness as observers are exposed to a different culture,"
*Evolution and Human Behavior*에 게재 예정); V. 스와미와 M. J. 토
비, 〈원주민과 도시 유럽인의 여성의 몸무게와 몸매에 대한 지
각〉(V. Swami and M. J. Tovée, "Perceptions of female body weight and
shape among indigenous and urban Europeans," *Scandinavian Journal
of Psychology*에 게재 예정). 이성애자 여성과 레즈비언의 선호를 비
교하는 연구는 V. 스와미와 M. J. 토비, 〈페미니스트와 비페미니

스트 이성애자 여성과 레즈비언의 신체적 매력 선호에 몸무게 가 미치는 영향〉(V. Swami and M. J. Tovée, "The influence of body weight on the physical attractiveness preferences of feminist and non-feminist heterosexual women and lesbians," in *Psychology of Women Quarterly*, 30 (2006), 252~257쪽)이다.

성역할 고정관념이 신체적 매력에 대한 지각에 영향을 미칠 수 있음을 보여주는 연구가 많다. 최근의 연구만 꼽아 보면 다음과 같다. A. 펀햄과 R. 노들링, 〈남성과 여성의 특정한 몸매에 대한 선호의 비교문화적 차이〉(A. Furnham and R. Nordling, "Cross-cultural differences in preferences for specific male and female body shapes" in *Personality and Individual Differences*, 25 (1998), 635~648쪽); V. 스와미, N. 안토나코풀로스, M. J. 토비, A. 펀햄, 〈영국과 그리스에서 여성의 신체적 매력에 관한 허리-엉덩이 비율 가설에 대한 비판적 시험〉(V. Swami, N. Antonakopoulos, M. J. Tovée and A. Furnham, "A critical test of the waist-to-hip ratio hypothesis of female physical attractiveness in Britain and Greece" in *Sex Roles*, 54 (2006), 201~211쪽); V. 스와미, C. 카프라리오, M. J. 토비, A. 펀햄, 〈영국과 일본에서 여성의 신체적 매력: 비교문화 연구〉(V. Swami, C. Caprario, M. J. Tovée and A. Furnham, "Female physical attractiveness in Britain and Japan: A cross-cultural study" in *European Journal of Personality*, 20 〔2006〕, 69~81쪽). P. J. 라브라카스, 〈남성의 체격에 대한 여성의 선호〉(P. J. Lavrakas, "Female preferences for male physique" in *Journal of Research in Personality*, 9 〔1975〕, 324~334쪽)도 보라. 성역할 고정관념에 관한 좀 더 일반적인 설명으로는 헤이르트 호프스테더, 《남성성과 여성성: 민족문화의 터부적 차원》(Geert Hofstede, *Masculinity and Femininity: The Taboo Dimension of National Cultures*, Thousand Oaks, California: Sage, 1998); B. 실버스타인, L. 퍼듀, B. 피터슨, E. 켈리, 〈여성의 신체적 매력에 대한 마른 몸매 기준을 부추기는 매스미디어의 역할〉(B. Silverstein, L. Perdue, B. Petersen and E. Kelly, "The role of the mass media in promoting a thin standard of bodily attractiveness for women" in *Sex Roles*, 14 〔1986〕, 519~532쪽) 등을 보라.

L. D. 넬슨과 E. L. 모리슨, 〈희소한 자원의 징후들: 식량과 재정에 관한 판단이 잠재적 파트너에 대한 선호에 영향을 미친다〉(L. D. Nelson and E. L. Morrison, "The symptoms of resource scarcity: Judgements of food and fiannces influence preference for potential partners" in *Psychological Science*, 16 〔2005〕, 167~173쪽)는 창의적인 연구다. 이 연구를 재현해 본 우리의 논문은 〈배고픔은 여성의 신체적 매력에 관한 판단에 영향을 미칠까?〉("Does hunger influence judgements of female physical attractiveness?" in

British Journal of Psychology, v. 95, 353~363쪽)다. 두 연구 모두 이런 결과가 확장된 사회문화적 설명에 어떻게 들어맞는지를 보여준다. 확장된 사회문화적 설명에 관한 더 자세한 내용은 H. 킴과 H. R. 마커스, 〈일탈인가 독특함인가, 조화인가 순응인가? 문화적 분석〉(H. Kim and H. R. Markus, "Deviance or uniqueness, harmony or conformity? A cultural analysis" in *Journal of Personality and Social Psychology*, 77 (1999), 785~800쪽)을 보라.

'진화심리학'을 비판하는 연구는 굉장히 많다. 좋은 입문서로는 스티븐 로즈와 힐러리 로즈가 엮은 《불쌍한 다윈: 진화심리학 비판》(Steven Rose and Hilary Rose eds., *Alas Poor Darwin: Arguments Against Evolutionary Psychology*, London: Jonathan Cape, 2001)이 있다. 몇몇 옹호론자들이 균형 잡히고 사려 깊은 형태의 다윈주의 심리학을 촉구한 바 있다. D. 불러, 《적응하는 마음: 진화심리학과 인간 본성의 끈질긴 탐색》(D. Buller, *Adapting Minds: Evolutionary Psychology and the Persistent Quest for Human Nature*, Cambridge, Massachusetts: MIT Press, 2005); C. 헤이스와 L. 휴버, 《인지의 진화》(C. Heyes and L. Huber (Eds.), *The Evolution of Cognition*, London: Bradford Books, 2000). 다른 이들은 '본성'과 '양육'을 분리하는 모든 논의를 거부하는 발생계 이론을 강력히 옹호한다. E. 자블론카와 M. J. 램, 《네 차원의 진화: 생명의

역사에서 유전자, 후성, 행동, 상징의 변이》(E. Jablonka and M. J. Lamb, *Evolution in Four Dimensions: Genetic, Epigenetic, Behavioral and Symbolic Variation in the History of Life*, London: Bradford Books, 2005); S. 오야마, 《진화의 눈: 생물학-문화 분열에 대한 체계적 시각》(S. Oyama, *Evolution's Eye: A Systems View of Biology-Culture Divide*, Durham: Duke University Press, 2000); S. 오야마, P. E. 그리피스, R. D. 그레이, 《우연의 순환: 발생계와 진화》(S. Oyama, P. E. Griffiths and R. D. Gray (Eds.), *Cycles of Contingency: Developmental Systems and Evolution*, Cambridge, Massachusetts: MIT Press, 2000).

5장 빙켈만과 벨베데레의 아폴론

진화론적 관점에서 본 성 행동은 대부분의 진화심리학 교과서에서 다뤄진다. 이 장에서 참조한 특정한 논문들은 다음과 같다. D. 에이넌, 〈남자 한 명이 얼마나 많은 아이를 가질 수 있는가?〉(D. Einon, "How many children can one man have?" in *Evolution and Human Behavior*, 19 (1998), 413~426쪽); R. 트라이버스, 〈부모의 투자와 성선택〉(R. Trivers, "Parental investment and sexual selection" in B. Campbell (Ed.) *Sexual Selection and the Descent of Man*, New York: Aldine de Gruyter, 1972, 136~179쪽).

나이절 스파이비는 《그리스 조각의 이해》(204쪽 이하)에서 〈라오콘 군상〉에 관한 논의를 포함해 그리스 조각에서 남성의 형태의 역사를 꼼꼼하게 기록한다. 〈벨베데레의 아폴론〉에 관한 더 자세한 논의로는 M. 비어드와 J. 헨더슨의 《고전 예술: 그리스에서 로마까지》(M. Beard and J. Henderson, *Classical Art: From Greece to Rome*, Oxford: Oxford University Press, 2001)와 A. 포츠, 《육체와 이상: 빙켈만과 예술사의 기원》(A. Potts, *Flesh and the Ideal: Winckelmann and the Origins of Art History*, New Haven, 1984)을 보라.

　사진 자극을 이용한 남성의 신체적 매력에 관한 연구로는 D. M. 메이시, E. L. E. 베일, P. L. 코르넬리슨, M. J. 토비, 〈여성이 느끼는 남성의 매력의 특징〉(D. M. Maisey, E. L. E. Vale, P. L. Cornelissen and M. J. Tovée, "Characteristics of male attractiveness for women" in *Lancet*, 353 (1999), 1500쪽)을 보라. 판진투와 동료들은 3차원 이미지를 가지고 비슷한 결과를 발견했다(J. T. Fan, W. Dai, F. Liu and J. Wu, "Visual perception of male body attractiveness" in *Proceedings of the Royal Society of London (B)*, 272 (2005), 219~226쪽). 말레이시아에서 남성의 매력에 관해 우리가 쓴 논문은 V. 스와미와 M. J. 토비, 〈영국과 말레이시아에서 남성의 신체적 매력: 비교문화 연구〉(V. Swami and M. J. Tovée, "Male physical attractiveness in Britain and Malaysia: A cross-cultural study" in *Body Image*, 2 (2005),

383~393쪽)다.

'초남성적인' 외모에 관해서는 H. G. 포프 주니어, K. A. 필립스, R. 올리바디아, 《아도니스 콤플렉스: 성인 남성과 소년의 신체 강박을 확인하고 치료하고 예방하는 법》(H. G. Pope Jr., K. A. Phillips and R. Olivardia, *The Adonis Complex: How to Identify, Treat and Prevent Body Obsession in Men and Boys*, New York: Simon & Schuster, 2000)을 보라. S. M. 린치와 D. A. 젤너, 〈남성 두 세대의 몸매 선호: 근육량이 차이 나는 몸매 그림의 활용〉(S. M. Lynch and D. A. Zellner, "Figure preferences in two generations of men: The use of figure drawings illustrating differences in muscle mass" in *Sex Roles*, 40 〔1999〕, 833~843쪽); D. R. 매크리어리와 D. K. 사스, 〈사춘기 소년 소녀의 건장한 몸에 대한 충동 탐구〉(D. R. McCreary and D. K. Sasse, "An exploration of the drive for muscularity in adolescent boys and girls" in *Journal of American College Health*, 48 〔2000〕, 297~320쪽) 등도 보라.

6장 다르게 보기

에두아르 마네의 미술에 관한 흥미로운 설명으로는 유니스 립턴이 쓴 《일명 올랭피아: 마네의 악명 높은 모델과 그녀 자신의 욕망에 관한 탐구》(Eunice Lipton, *Alias Olympia: A Woman's Search for Manet's Notorious Model and her Own Desire*, London: Thames & Hudson, 1993)를 보라. 우리가 〈올랭피아〉에서 바라보는 마네가 좋아한 모델 빅토린 뫼랑의 생애를 립턴 자신의 인생 이야기와 엮어 서술한 책이다. 미에 대한 전체론적 시각을 가장 쉽게 서술한 책은 존 암스트롱의 《미의 은밀한 힘》이다.

문학과 미술에서 흑백 이미지의 병치에 관한 더 많은 논의로는 킴 홀, 《암흑의 사물들: 근대 초 잉글랜드의 인종과 젠더의 경제》(Kim Hall, *Things of Darkness: Economies of Race and Gender in Early Modern England*, New York: Cornell University Press, 1996)를 보라. 존 버거의 《다른 방식으로 보기》(John Berger, *Ways of Seeing*, Harmondsworth: Penguin, 1990. [국내 출간: 존 버거, 최민 옮김, 《다른 방식으로 보기》, 열화당, 2012])는 여전히 고전이다.

나오미 울프의 《아름다움의 신화》(Naomi Wolf, *The Beauty Myth*, New York: Anchor, 1992. [국내 출간: 나오미 울프, 윤길순 옮김, 《무엇이 아름다움을 강요하는가》, 김영사, 2016])는 인간의 아름다움에 관한 연구에서 여전히 중요한 책이지만, 울프의 연구를 확장하려 한 심리학자는 거의 없다. 비슷한 주장으로는 수전 팔루디의 《백래시: 미국 여성에 대한 선전포고 없는 전쟁》(Susan Faludi, *Backlash: The Underclared War Against American Women*, New

York: Anchor, 1992. 〔국내 출간: 수전 팔루디, 황성원 옮김, 《백래시》, 아르테, 2017)); J. 핸슨과 E. 리드, 《화장품, 패션, 여성 착취》(J. Hansen and E. Reed, *Cosmetics, Fashion and the Exploitation of Women*, New York: Pathfinder Press, 1993) 등을 보라. 젠더 불평등에 대한 프리드리히 엥겔스 저작의 현대적 재평가로는 린지 저먼의 《성, 계급, 사회주의》(L. German, *Sex, Class and Socialism*, London: Bookmarks, 1998. 〔국내 출간: 린지 저먼, 장경선 옮김, 《성, 계급, 사회주의》, 책갈피, 2003))를 보라.

비만 낙인찍기와 차별에 관해서는 R. M. 풀과 K. D. 브라우넬, 〈편견, 차별, 비만〉(R. M. Puhl and K. D. Brownell, "Bias, discrimination and obesity" in *Obesity Research*, 9 〔2001〕, 788~805쪽)과 같은 저자의 〈비만 낙인의 심리사회적 기원: 강력하고 광범위한 편견을 바꾸기 위해〉("Psychosocial origins of obesity stigma: Toward changing a powerful and pervasive bias" in *Obesity Reviews*, 4 〔2003〕, 213~227쪽) 등을 보라.

참고문헌에 관한 주석 이 책 전체에 걸쳐 학술 문헌에서 쉽게 볼 수 있는, 저자의 이름과 출간 연도를 담은 참고문헌 체계를 사용하지 않았다. 내가 볼 때 이 체계는 텍스트를 어수선하게 채울 뿐이며, 이 체계의 장점이 무엇이든 그 미적 결함을 능가하지 못한다. 모든 학문적 탐구에 관한 두 가지 핵심적 정보(누가, 언제)를 찾는 독자는 내가 활용한 저작의 다음과 같은 목록에서 위안을 구하면 된다.

11쪽 알렉상드르 뒤마. Valérie Mettais, *Your Visit to the Louvre* (Paris: Art Lys, 1997)(한국어판: 발레리 메테, 《루브르 회화 700년 한국어판》, Versailles: art+ musees et monuments, 2008).

14쪽 헤시오도스. *Theogeny*, trans. Norman Brown (New York: Liberal Arts Press, 1953)(한국어판 다수).

17~20쪽 콜루투스. *The Rape of Helen*, trans. A. W. Mair (온라인: http://www.elfinspell.com/Colluthus551.html, 날짜 없음).

18~19쪽 아풀레이우스. *Golden Asse*, trans. William Adlington (온라인: http://books.eserver.org/fiction/apuleius, 날짜 없음)(국내 출간: 루키우스 아풀레이우스, 장 드 보쉐르 그림, 송병선 옮김, 《황금 당나귀》, 현대지성, 2018).

20~21쪽 호메로스. *Odyssey*, trans. Robert Fagles (New York: Viking Penguin, 1996)(한국어판 다수).

22~23쪽 대플리니우스. *Naturalis Historia*, trans. John Bostock (London: Taylor and Francis, 1855).

24~26쪽 루키아노스. *Erotes*, trans. Andrew Kallimachos (*Different Desires: A Dialogue Comparing Male and Female Love Attributed to Lucian of Samosata*, 2000).

27쪽 제임스 조이스. *Portrait of the Artist as a Young Man* (London: Signet Classics, 1991)(한국어판 다수).

27~28쪽 요한 요아힘 빙켈만. *History of the Art of Antiquity*, trans. Harry Francis Mallgrave (Oxford: Oxford University Press, 2006).

28쪽 조지 고든 바이런 경. *Childe Harold's Pilgrimage* (London: Murray, 1812-1818).

30~31쪽 장 샤르보노. Gregory Curtis, *Disarmed: The Story of Venus de Milo* (Gloucestershire: Sutton Publishing, 2003).

31쪽 르콩트 드 릴. Mary Beard and John Henderson, *Classical Art: From Greece to Rome* (Oxford: Oxford University Press, 2001).

31쪽 오귀스트 로댕. Mary Beard and John Henderson, *Classical Art: From Greece to Rome* (Oxford: Oxford University Press, 2001).

34~35쪽 단테 알리기에리. *Divine Comedy*, trans. Allen Mandelbaum (London: Everyman's Library, 1995)(한국어판 다수).

40쪽 크리스토퍼 말로. *The Tragical History of Doctor Faustus* (온라인: http://www.classic-literature.co.uk, 날짜 없음)(국내 출간: 크리스토퍼 말로, 이성일 옮김,《포스터스 박사의 비극》, 소명출판, 2015).

41쪽 존 암스트롱. *The Secret Power of Beauty* (London: Allen Lane, 2004). Copyright © John Armstrong, 2004. Penguin Books Ltd의 허락을 받아 재수록함.

43~44쪽 아니키우스 보에티우스. Umbero Eco, *On Beauty: A History of a Western Idea*, trans. Alaistair McEwen (London: Secker and Warburg, 2004)(국내 출간: 움베르토 에코, 이현경 옮김,《미의 역사》, 열린책들, 2005). Random House Group Ltd의 허락을 받아 재수록함.

45쪽 아돌프 차이징. *Neue Lehre van den Proportionen des meschlischen Körpers* (Leipzig, 1854).

46쪽 르 코르뷔지에. *Le Modulor* (Princeton: Bilhauser, 2000).

47쪽 요슈타인 가아더. *Sophie's World*, trans. Paulette Møller (London: Phoenix, 1995)(국내 출간: 요슈타인 가아더, 장영은 옮김,《소피의 세계》, 현암사, 2015).

48~49쪽 갈레노스. Mary Beard and John Henderson, *Classical Art: From Greece to Rome* (Oxford: Oxford University Press, 2001).

51쪽 비트루비우스. *De Architectura*, trans. Frank Granger (Cambridge, MA: Harvard University Press, 1931).

57쪽 프랜시스 베이컨. *The Essays or Counsels, Civil and Moral, of Francis Ld. Verulam Viscount St. Albans* (온라인: http://www.authorama.com, 날짜 없음).

58쪽 제임스 버컨. *A Good Place to Die* (London: Harvill Press, 2001). Random House Group Ltd.의 허락을 받아 재수록함.

60~61쪽 에드먼드 버크. *A Philosophical Inquiry into the Origin of Our Ideas of the Sublime and Beautiful* (London: Murray, 1756)(한국어판 다수).

62쪽 비트루비우스. *De Architectura*, trans. Frank Granger (Cambridge, MA: Harvard University Press, 1931).

63쪽 움베르토 에코. *On Beauty: A History of a Western Idea*, trans. Alaistair McEwen (London: Secker and Warburg, 2004). Copyright © 2004 RCS Libri S.p.A., Bompiani, Milano. RCS Libri S.p.A.와 Random House Group Ltd.의 허락을 받아 재수록함.

64쪽 에드먼드 버크. *A Philosophical Inquiry into the Origin of Our Ideas of the Sublime and Beautiful* (London: Murray, 1756).

69~74쪽 윌리엄 호가스. *The Analysis of Beauty* (London: J. Reeves, 1753).

73~74쪽 존 암스트롱. *The Secret Power of Beauty* (London: Allen Lane, 2004). Copyright © John Armstrong, 2004. Penguin Books Ltd.의 허락을 받아 재수록함.

75쪽 찰스 다윈. *On the Origin of Species by Means of Natural Selection* (London: Murray, 1859)(한국어판 다수).

76~79쪽 찰스 다윈. *The Descent of Man, and Selection in Relation to Sex* (London: Murray, 1859)(한국어판 다수).

82쪽 S. B. Eaton, M. Konner and M. Shostak, "Stone agers in the fast lane: Chronic degenerative diseases in evolutionary perspective," in *American Journal of Medicine*, vol. 84 (1988), 214~222.

82~83쪽 리처드 도킨스. *The Selfish Gene* (Oxford: Oxford University Press)(국내 출간: 리처드 도킨스, 홍영남·이상임 옮김,《이기적 유전자》, 을유문화사, 2018).

85~90쪽 Devendra Singh, "Adaptive significance of female physical attractiveness: Role of waist-to-hip ratio" in *Journal of Personality and Social Psychology*, vol. 65 (1993), 292~307. Copyright ⓒ American Psychological Association. Devendra Singh의 허락을 받아 재수록함.

90쪽 엘리너 킹. *Glorify Yourself* (New York: Wallace 1948).

91쪽 매릴린 먼로. WikiQuotes (http://en.wikiquote.org/wiki/Marilyn_Monroe, 날짜 없음).

92쪽 Devendra Singh, "Adaptive significance of female physical attractiveness: Role of waist-to-hip ratio" in *Journal of Personality and Social Psychology*, vol. 65 (1993), 292~307. Copyright ⓒ American Psychological Association. Devendra Singh의 허락을 받아 재수록함.

93쪽 낸시 에트코프. *The Survival of the Pretties: The Science of Beauty* (New York: Anchor, 2000)(국내 출간: 낸시 에트코프, 이기문 옮김,《美》, 살림, 2000).

93~94쪽 데이비드 버스. *Evolutionary Psychology: New Science of the Mind* (Boston: Allyn and Bacon)(국내 출간: 데이비드 M. 버스, 이충호 옮김,《진화심리학》, 웅진지식하우스, 2012).

94쪽 Terry Burnham and Jay Phelan, *Mean Genes* (Cambridge, MA: Perseus, 2000)(국내 출간: 테리 번햄·제이 팰런, 장원철 옮김,《다윈이 자기 개발서를 쓴다면》, 스몰빅라이프, 2019).

98~99쪽 Jeremy Freese and Sheri Meland, "Seven-tenths incorrect: Heterogeneity and change in the waist-to-hip rations of *Playboy* centrefold models and Miss America pageant winners" in *Journal of Sex Research*, vol. 39 (2002), 133~138.

100쪽 Louis G. Tassinary and Kristi A. Hansen, "A critical test of the waist-to-hip ration hypothesis of female physical attractiveness" in *Psychological Science*, vol. 9 (1998), 150~155.

104쪽 이탈로 칼비노. *Mr Palomar*, ⓒ 1983 by Giulio Einaudi Editore, s.p.a., Torino, trans. William Weaver (Orlando: Harcourt Inc, 1985 and London: Secker and Warburg, 1999)(국내 출간: 이탈로 칼비노, 김운찬 옮김,《팔로마르》, 민음사, 2016). Harcourt Inc.와 Random House Group Ltd.의 허락을 받아 재수록함.

106쪽 Frank Marlowe, "The nubility hypothesis: The human breast as an honest signal of residual reproductive value" in *Human Nature*, vol. 9 (1998), 263~271.

108~109쪽 이탈로 칼비노. *Mr Palomar*, trans. William Weaver (London: Vintage, 1999). Random House Group Ltd.의 허락을 받아 재수록함.

112~113쪽 Rebecca M. Puhl and Fred J. Boland, "Predicting female physical attractiveness: Waist-to-hip ration versus thinness" in *Psychology, Evolution and Gender*, vol. 3 (2001), 27~46.

114~116쪽 로렌초 다폰테. Umberto Eco, *On Beauty: A History of a Western Idea*, trans. Alaistair McEwen (London: Secker and Warburg, 2004). Random House Group Ltd.의 허락을 받아 재수록함.

121~122쪽 단테 알리기에리. *Divine Comedy*, trans. Allen Mandelbaum

(London: Everyman's Library, 1995).

124쪽 바뇨레지오의 보나벤투라. Umberto Eco, *On Beauty: A History of a Western Idea*, trans. Alaistair McEwen (London: Secker and Warburg, 2004). Random House Group Ltd.의 허락을 받아 재수록함.

125쪽 칼릴 지브란. 무제 시(온라인: http://www.kahlil.org, 날짜 없음).

126~127쪽 우고 포스콜로, *Le ultime lettere di Jacopo Ortis*, trans. F. G. Nichols (*Last Letters of Jacopo Ortis and of Tombs*, London: Herperus, 2002).

128쪽 Devendra Singh, "Adaptive significance of female physical attractiveness: Role of waist-to-hip ratio" in *Journal of Personality and Social Psychology*, vol. 65 (1993), 292~307. Copyright ⓒ American Psychological Association. Devendra Singh의 허락을 받아 재수록함.

128~129쪽 Devendra Singh, C. Frohlich and M. Haywood, "Waist-to-hip ratio representation in ancient sculptures from four cultures," paper presented at the annual meeting of the Human Behavior and Evolution Society, June 2000.

132~133쪽 Douglas W. Yu and Glenn H. Shepard, "Is beauty in the eye of the beholder?" in *Nature*, vol. 396 (1998), 321~322.

136쪽 스티븐 제이 굴드. *The Lying Stones of Marrakech: Penultimate Reflections in Natural History* (New York: Harmony Books, 2000).

140~141쪽 니콜로 마키아벨리. *The Prince*, trans. W. K. Marriot (London, 1908)(한국어판 다수).

143~144쪽 자클린 부쇼소피크. *Elena Fourment Rubens* (Paris, Ed. D'Art,

1947).

146쪽 Annette Federico, "A cool observer of her own sex like me" in *Victorian Newsletter*, vol. 80 (1991), 29~33.

148쪽 A. R. Holmberg, "The Siriono: A study on the effect of hunger frustration on the culture of a semi-nomadic Bolivian Indian society," doctoral thesis at Yale University.

155~156쪽 피에르 쇼데를로 드 라클로. Umberto Eco, *On Beauty: A History of a Western Idea*, trans. Alaistair McEwen (London: Secker and Warburg, 2004). Random House Group Ltd.의 허락을 받아 재수록함.

158쪽 헤이르트 호프스테더. *Masculinity and Femininity: The Taboo Dimension of National Cultures* (Thousand Oaks, California: Sage, 1998).

161~162쪽 윌리엄 엘리스. *Polynesian Researches: During a Residence of Nearly Six Years in the South Sea Islands* (온라인: http://www.nzetc. org/tm/scholarly/tei-EllPol-EllPol1-f4.html, 날짜 없음).

171쪽 고트프리트 빌헬름 폰 라이프니츠. letter to Antonio Conti, 9 April 1716, Wikipedia (http://en.wikipedia.org/wiki/Newton_v._ Leibniz_calculus_controversy).

172~173쪽 볼테르. *Candide, or Optimism* (온라인: http://www.literature. org/authors/voltaire/candide, 날짜 없음)(한국어판 다수).

174~175쪽 볼테르. *Philosophical Dictionary* (온라인: https://history. hanover.edu/texts/voltaire/volindex.html).

197쪽 데이비드 버스와 더그 T. 켄릭. "Evolutionary social psychology," in D. T. Gilbert, S. T. Fiske and G. Lindzey (eds.), *Handbook* of *Social Psychology, 4th Edition, Volume 2* (Boston: McGraw-Hill, 1998), 982~1026쪽.

200~201쪽 베르길리우스. *The Aeneid*, trans. John Dryden (New York: F. P. Collier and Son, 1908)(한국어판 다수).

202쪽 요한 요아힘 빙켈만. Rictor Norton, "Johann Joachim Winckelmann," in *The Great Queens of History* (온라인: http://www.infopt.demon. co.uk/winckelm.htm, 2000).

202~203쪽 조지 고든 바이런 경. *Childe Harold's Pilgrimage* (London: Murray, 1812-1818).

203~204쪽 요한 요아힘 빙켈만. *History of the Art of Antiquity*, trans. Harry Francis Mallgrave (Oxford: Oxford University Press, 2006).

206쪽 요한 요아힘 빙켈만. *History of the Art of Antiquity*, trans. Harry Francis Mallgrave (Oxford: Oxford University Press, 2006).

210쪽 H. G. Pope Jr., K. A. Phillips and R. Olivardia, *The Adonis Complex: How to Identify, Treat and Prevent Body Obsession in Men and Boys* (New York: Simon & Schuster, 2000).

210쪽 Susan Faludi, *Stiffed: The Betrayal of the American Man* (New York: W. Morrow and Co., 1999).

213쪽 요한 요아힘 빙켈만. Rictor Norton, "Johann Joachim Winckelmann" in *The Great Queens of History* (온라인: http://www.infopt.demon. co.uk/winckelm.htm, 2000).

214~215쪽 아부 누와스 알하산 이븐 하니 알하카미. "Love in Bloom" in *Le Vin, le Vent, La Vie*, trans. Vincent Mansour Monteil (Paris: Sinbad, 1979).

215쪽 마이아 앤절로. Brainy Quotes (http:///www.brainy-quote.com/

quotes/quotes/m/mayaangelo132707.html, 날짜 없음).

227~228쪽 존 암스트롱. *The Secret Power of Beauty* (London: Allen Lane, 2004). Copyright © John Armstrong, 2004. Penguin Books Ltd 의 허락을 받아 재수록함.

231~232쪽 존 버거. *Other Ways of Seeing* (London: Penguin, 1990)(국내 출간: 존 버거, 최민 옮김,《다른 방식으로 보기》, 열화당, 2012).

234쪽 데이비드 흄. *Four Dissertations: Of the Standard of Taste* (London: Millar, 1757)(국내 출간: 데이비드 흄, 김동훈 옮김,《취미의 기준에 대하여/비극에 대하여 외》, 마티, 2019).

237~238쪽 윌리엄 셰익스피어. *The Passionate Pilgrim* (온라인: http://www.shakespeare-literature.com/The_Passionate_Pilgrim/index.html, 날짜 없음).

238~242쪽 나오미 울프. *The Beauty Myth* (New York: William Morrow, 1991; London: Chatto and Windus, 1992)(국내 출간: 나오미 울프, 윤길순 옮김,《무엇이 아름다움을 강요하는가》, 김영사, 2016). Copyright © 1991, Naomi Wolf. HarperCollins Publishers와 Random House Group Ltd.의 허락을 받아 재수록함.

244쪽 Albert Stunkard, W. R. LaFleur and T. A. Wadden, "Stigmatization of obesity in medieval times: Asia and Europe" in *International Journal of Obesity Related Metabolic Disorders*, vol. 22 (1998), 1141~1144쪽.

245쪽 프리드리히 엥겔스. *Origins of the Family, Private Property and the State* (Hottingen, Zurich, 1884)(국내 출간: 프리드리히 엥겔스, 김대웅 옮김,《가족, 사유재산, 국가의 기원》, 두레, 2012).

248쪽 레온 트로츠키. "Family Relations Under the Soviets: Fourteen

Questions Answered by Leon Trotsky," in *Class Struggle*, vol. 4 (1934), June-July.

255~256쪽 오노레 드 발자크. *Cousin Bette*, trans. Sylvia Raphael (New York: Oxford University Press, 1998)(국내 출간: 오노레 드 발자크, 박현석 옮김,《사촌 베트》상·하, 동해, 2007)

261~262쪽 Rachel Kousser, "Creating the past: The Vénus de Milo and the Hellenistic reception of Classical Greece" in *American Journal of Archaeology*, vol. 109 (2005), 227~250쪽.

|그|림|출|처|

비너스의 사라진 팔

아름다움과 이끌림, 사랑과 관계에 대하여

초판 1쇄 발행 | 2024년 6월 5일

지은이 | 비렌 스와미
옮긴이 | 유강은

펴낸이 | 한성근
펴낸곳 | 이데아
출판등록 | 2014년 10월 15일 제2015-000133호
주   소 | 서울 마포구 월드컵로28길 6, 3층 (성산동)
전자우편 | idea_book@naver.com
페이스북 | facebook.com/idea.libri
전화번호 | 070-4208-7212
팩   스 | 050-5320-7212

ISBN 979-11-89143-47-3 (03180)